支持项目：

2022 年度山东省高等学校"青创团队计划"支持计划"数字赋能社会治理安全审查问题研究"（团队编号：2022RW054）

2021 年度国家法治建设与法学理论研究部级科研项目"智慧侦查背景下的大数据证据使用禁止规则研究"（课题编号：21SFD4042）

刑事证据与诉讼程序前沿问题研究

孙明泽 著

中国海洋大学出版社

·青岛·

图书在版编目（CIP）数据

刑事证据与诉讼程序前沿问题研究 / 孙明泽著 . --
青岛：中国海洋大学出版社，2023.5

ISBN 978-7-5670-3506-5

Ⅰ.①刑…　Ⅱ.①孙…　Ⅲ.①刑事诉讼－证据－研究
－中国②刑事诉讼－诉讼程序－研究－中国　Ⅳ.
①D925.213.4②D925.218.04

中国国家版本馆 CIP 数据核字（2023）第 088094 号

刑事证据与诉讼程序前沿问题研究

XINGSHI ZHENGJU YU SUSONG CHENGXU QIANYAN WENTI YANJIU

出版发行	中国海洋大学出版社	
社　　址	青岛市香港东路 23 号	邮政编码　266071
出 版 人	刘文菁	
网　　址	http://pub.ouc.edu.cn	
订购电话	0532－82032573（传真）	
责任编辑	邹伟真　刘　琳	电　　话　0532－85902533
印　　制	青岛国彩印刷股份有限公司	
版　　次	2023 年 5 月第 1 版	
印　　次	2023 年 5 月第 1 次印刷	
成品尺寸	170 mm ×230 mm	
印　　张	10.75	
字　　数	162 千	
印　　数	1～650	
定　　价	59.00 元	

发现印装质量问题，请致电 0532－58700166，由印刷厂负责调换。

目　录

第一章

区块链赋能刑事证据的应用逻辑

2021 年 6 月,最高人民法院发布的《人民法院在线诉讼规则》(以下简称《规则》)首次规定了区块链存证在司法认定中的效力范围,赋予区块链存储数据上链后推定未经篡改的效力。虽然目前区块链技术的应用,主要在民事诉讼场域而非刑事诉讼场域,但是司法实践中赋能刑事司法的应用也已开始,比如在刑事羁押程序中的"区块链监督"链。[①] 此外,区块链不仅是一种技术场域的数据存储方式,而且是一种司法场景的证据存证方式。在刑事案件中,证据获取和法庭审判之间存在时间间隔,在该时期内证据的真实性可能发生变化,引发是否一致的合理怀疑。证据所蕴含的事实信息如何能为裁判者所判断,需要一种过程机制规范证据的收集、运输、保管、鉴定等行为,从而确保证据在这些环节中不会发生变化。任何保管环节如果处理不当,都将对证据的证明价值产生影响,将导致证据被污染或者发生变化的后果,甚至还可能导致证据被损毁、灭失的风险。[②] 因此,证据的收集、固定工作是否规范,保管、流转过程是否稳定,决定着后续的审查、判断工作是否流畅。

如何审视区块链技术与刑事司法体系的对接,将影响智慧刑事司法建设工程

---

① 比如杭州检察机关推出的"非羁码"App,为解决对取保候审、监视居住等非羁押犯罪嫌疑人、被告人的监管不力现象,将区块链技术应用于非羁押人员的数字监控,对数据进行实时加密、上链认证,实现数据访问和操作日志可追溯、防篡改,"区块链监督"链已经具备雏形。马明亮:《区块链的兴起及其司法运用》,《检察日报》,2021 年 8 月 3 日,第 3 版,第 5 页。

② 陈永生:《证据保管链制度研究》,《法学研究》2014 年第 5 期,第 175-191 页。

的未来图景和演进速度。区块链技术的本质是一种存证机制。在该场景中,区块链技术与刑事证据保管制度之间产生互动关系,通过在刑事证据的收集、固定和保管链条中的应用,确保刑事证据进入审判阶段的证据能力。诸多文献的研究重点集中于区块链技术与证据的证明力问题上,并将区块链证据和电子数据混淆,问题根源在于对区块链技术发挥的司法效果存在实践误读和理论偏向。事实上,自由心证理念对区块链证据使用提出了要求,事实裁决者应当严格依据案件事实自由判断证据的证明力,同时对全部证据在案件事实证明中的作用进行自由心证,而法律不对证据证明力作出限制性规定。[①] 通过区块链技术保障刑事证据在流转链条中的原始性和一致性,使其获得法庭准入资格,其证据属性和证明作用由裁判者加以判断,才是贯彻“以审判为中心”的题中应有之义。在区块链存证实践普及开来的当下,明确区块链赋能刑事证据应用的价值基础和发展方向,使区块链技术应用的整体趋势更加符合证据法学研究的基本发展走向——证据科学时代。为更好地进行司法实践中的事实认定,交叉整合证据学和证据法学的相关知识,迈向“整合”的证据科学,[②] 本章探讨了区块链赋能刑事证据的功能定位、适用范围以及作用机理,将重点聚焦在证据能力项下的保管问题,以期为区块链赋能刑事证据应用提供智识资源。

第一节　实践误读:区块链赋能的“结果确认”作用

区块链技术在司法实践中存在合适的发展土壤,但是面对刑事证据领域的取证、存证和认证等难题,真正的赋能点是什么?司法实践中对此存在“结果确认”的误读,具体包括“认证而非存证”的功能定位、“印证而非自证”的范围适用以及“确认而非保证”的作用机理。

一、赋能的功能定位:认证而非存证

区块链是一种以不可复制性、不可篡改性、去中心化、去信任、非对称加密以

---

① 龙宗智:《印证与自由心证:我国刑事诉讼证明模式》,《法学研究》2004 年第 2 期,第 107-115 页。

② 郑飞:《证据科学的研究现状及未来走向》,《环球法律评论》2015 年第 4 期,第 146-165 页。

及时间戳为主要特征的数据信息运载技术,[①] 在司法适用场域保障上链证据的稳定存储状态,发挥存证功能。但是司法实践中往往聚焦区块链赋能刑事证据的证明力层面,而非证据能力层面。申言之,司法实务人员存在这样一种认识——区块链技术提高了证据证明力。例如,在某起金融借款案件的审理过程中,法官认为"经验证,原告提供的电子图片没有经过修改、处理,真实有效,结合本案其他关联证据法官予以采信"。[②] 本案中,对于作为认证对象的电子图片是否经过改动,区块链技术无法进行验证。因为区块链技术作为一种去中心化的数据记录与存储体系,旨在建立一个保证诚实的数据系统。但是并不意味着系统以外的输入信息就是诚实的,更多的时候仅是区块链诚实记录了这些外部数据。[③] 如果没有正确认识区块链技术的功能定位,将其与电子数据混为一谈,抑或将其视为区块链证据,继而步入讨论证据证明力的理论误区,将难以激活区块链技术的持续发展因子。

区块链技术构筑的存证机制通过维护各个节点的运行保障证据的原始状态,将司法人员从证据是否遭受篡改、是否真实完整的事实判断中解放出来,使得审判阶段可以将更多诉讼资源用于审查判断证据的关联性、真实性以及合法性等事项。但是这并不意味着区块链技术与所涉证据的证明力存在直接关联,一味通过强制规则定位、调整审查判断规则的方式对待区块链技术的司法适用,对以区块链技术为代表的技术证明而言无疑是一种能力阉割,存在将证据的证明力予以量化的隐性思维,带有"法定证据制度"时代的认知色彩。事实上,无论是在民事诉讼还是在刑事诉讼中,区块链技术都无法对证据的证明力问题作出实质判断。在民事诉讼阶段,对于区块链中的证据真实性、关联性、合法性以及证据证明力问题的判断,需要组织当事人质证后才能最终裁定是否采用该证据。[④] 在刑事诉讼阶段,同样需要司法人员通过既有经验、事实和逻辑进行说明和质疑,借以判断抑或

---

① 张玉洁:《区块链技术的司法适用、体系难题与证据法革新》,《东方法学》2019 年第 3 期,第99-109 页。

② 孙兵:《吉林船营区法院:区块链助力电子证据验证》,《人民法院报》2020 年 10 月 13 日第 4版,第 2 页。

③ 陈东敏:《区块链技术原理及底层架构》,北京:北京航空航天大学出版社,2017 年,第 6 期。

④ 罗恬漩:《民事证据证明视野下的区块链存证》,《法律科学(西北政法大学学报)》2020 年第 6 期,第 65-72 页。

验证证据属性，并最终作为司法判断依据。然而，大数据和人工智能将导致裁判过度依赖软件，使得庭审遭受忽视，从而导致现代司法过程的结构和功能发生改变，法官自由心证失去制度上、技术上的保障。[1] 同样受到这种思维模式的影响，司法实践中将区块链赋能刑事证据的功能定位为事实认证而非过程存证。

二、赋能的范围适用：印证而非自证

基于区块链的自身特点，证据的真实性不需要以公证机构作为其使用的公信标准，区块链通过技术自证即可完成自我验证和自我信用背书。[2] 然而，目前区块链技术赋能刑事证据的应用维度，是通过多种技术形成印证而非区块链技术自证。申言之，区块链司法应用从最本质上来讲，在很大程度上还是对电子签名及公证手段的增强，无法体现在去中心化环境下提供信任的本质。[3] 例如，在民事诉讼场域，《最高人民法院关于互联网法院审理案件若干问题的规定》第 11 条确认了区块链技术作为电子存证方式的效力，通过可信时间戳等多种方式证明其真实性。由是观之，在该条规定中"区块链"与"电子签名""可信时间戳"以及"哈希值校验"属于并列逻辑关系，对于区块链证据能力的保障，仅停留在电子签名、可信时间戳以及哈希值校验技术的表层应用层面，是通过这些功能的"印证"发挥作用，而区块链技术本身的作用并未得到发挥。

至于区块链技术通过技术自证，实现证据自我证伪、保障证据能力这一命题，仍然有待理论指导下的实践探索。区块链赋能刑事证据应用的路径可概括为：确定将要上链的证据后，利用算法计算其哈希值——对目标信息计算得出的一串包含数字、字母的字符串——录入存证链条；在需要校验时，再次计算该证据的哈希值，通过与前一哈希值的比对，验证证据上链后的原始性和一致性，判断证据本身是否遭受篡改。可见区块链只存储摘要数值，而不存储原始数据。如果仅将区块链证据作为证据链中的一个普通证据——技术公证与存证平台资质似乎发挥了主要证据作用——并未真正体现区块链技术的去中心化存储、去信任等特点，仅

---

① 季卫东：《人工智能时代的司法权之变》，《东方法学》2018 年第 1 期，第 125-133 页。

② 李晓丽：《论区块链技术在民事司法应用中的价值、风险和进路》，《中国应用法学》2021 年第 3 期，第 1-19 页。

③ 罗文华：《规则与共识：从电子签名到区块链》，《中国政法大学学报》2019 年第 2 期，第 48-59+206 页。

是区块链技术的表层应用,甚至可以说是一种区块链"假象"。① 毕竟,如果只是个别技术的简单叠加,区块链技术凭借去中心化、分布式分类账等特征构筑的整体关联网络未曾发挥作用——降低证据认定中的误差风险,其他证据在形式上亦能实现该证明效用。

三、赋能的作用机理:确认而非保证

区块链技术的作用效果,应当属于动态变化中的过程保证,而非静态意义上的结果确认。区块链技术的司法适用虽然能够保证存入的证据不被修改,但并不能因此保证证据的真实性。如果利用区块链技术,仅对数据依托的科技载体本身以及科技载体所承载的内容加以判断,其实并未充分认识到区块链的科学原理和技术本质。区块链系统通过比对证据上链时与出链时的哈希值,识别该文件与之前文件是否一致②。《区块链司法存证应用白皮书》指出,区块链能够保障电子数据存储介质及数据副本的真实性,但存储介质和数据副本的真实性,无法确保电子数据是真实的。区块链技术辅助司法主体对于证据真实性的确认是通过保证过程的一致性实现的,至于证据上链前的真实性判断,并非区块链技术本身可以解决。《最高人民法院关于互联网法院审理案件若干问题的规定》第 11 条提出,上链前的证据能够被证明真实性的,互联网法院应当确认,遵循这种区块链存证规范内容的描述逻辑,可以按照由"真实性"之阶段证明到"应当确认"之法律结果的顺序,将区块链技术作为一种保证电子证据真实性进而确认其法律效力的特殊机制。我们发现,这种逻辑并未体现区块链技术的本质属性,仅仅关注上链证据的真实完整状态,仍会陷入"结果确认"的偏向误区。

对于区块链中存储证据的司法确认,短期而言仅是一种司法活力的展现,是新兴科技同法律制度的一场融合式试验,而从长期来看并不益于顺应证据法学向证据科学发展的研究趋势。申言之,目前区块链存证实践主要关注证据的真实性问题,最终还是完成"是确认提交给法庭的实物证据具有真实性,未被调换或污

---

① 张玉洁:《区块链技术的司法适用、体系难题与证据法革新》,《东方法学》2019 年第 3 期,第 99-109 页。

② 黄步添,蔡亮:《区块链解密:构建基于信用的下一代互联网》,北京:清华大学出版社,2016 年,第 86 页。

染,能够如实地还原案件客观真实"[①]的鉴真任务,而忽视原始性、一致性问题。在从收集证据到法庭审判的不同时间阶段,多方主体间的移送流转增加了风险隐忧。在这些时间间隔中,证据的原始性是否存在变化?证据的一致性是否得到保障?区块链存证的作用维度,即是通过证据保管链条的流程规范产生规制效果,通过保管链条发挥检验功能——动态过程中的过程保证。区块链存证技术并不依赖物理存储介质的样态,突破了证据载体的原始性,使得数据不再拘束于原件和复印件的区分。区块链可以从证据的来源、收集、提取和保存状态等方面保证证据的一致性和原始性而非真实性,这为审判阶段的证据应用提供了坚实的过程保证基础。这种功能的有效发挥,仍然需要理论研究对于区块链存证机制的持续关注。

第二节　支持向度:区块链赋能的"过程保证"原理

造成区块链存证机制的实践误读现象,根源在于司法人员没有理解区块链底层技术架构带来的支持向度,形成一种"不可改变"而非"难以改变"的思维惯性。为拨开技术迷雾,结合证据流转过程中的司法经验,抵近观察区块链技术的科学面向,探究其实现"存证"目的、"自证"手段以及"保证"效果的基本原理。

一、区块链赋能何以实现"存证"目的?

区块链技术因其难以篡改、可以追溯以及公开透明的基本特性,体现的核心价值在于信任。"在任何需要信任的领域,区块链都有用武之地"[②],根据数学、算法、密码等知识构筑的信任机制是区块链技术的核心所在,借此实现人际信任、制度信任到机器信任的转化。[③]区块链技术构造出从前期数据生成到后期数据检验的闭环系统,可以降低证据整体存续过程中的外在干涉可能。需要注意的是,区块链并非不可篡改,如果要修改现有区块链中的数据,破坏区块链去中心化的特性,需要突破当前主流算法制定的规则,在 POW(Power of Work)工作量证

---

① 马贵翔,韩康:《实物证据鉴真规则的构成探析》,《浙江工商大学学报》2017 年第 6 期,第 66-72 页。

② 张健:《区块链:定义未来金融与经济新格局》,北京:机械工业出版社,2016 年,第 49 页。

③ 赵磊:《区块链技术的算法规制》,《现代法学》2020 年第 2 期,第 108-120 页。

明共识机制、POS（Power of Stake）权益证明共识机制、DPOS（Delegated Proof of Stake）委托权益证明共识机制和 PBFT 实用拜占庭容错技术中，分别需要掌握 51％算力、获得 51％权益、获得 51％同意以及掌握 67％节点才可达到目的。论述这些集中价值，在于说明区块链存证平台并非不可篡改，而是篡改需要付出较大代价。如果需要避免区块链中的数据遭受篡改，应当提高更改所需付出的成本——增加节点的数目和质量，从而保障区块链应用结构的稳定。作为域外镜鉴，美国佛蒙特州是唯一对区块链证据规则单独立法的州，其并未确立区块链"不可篡改"和"不可伪造"的属性（区块链仍然具有可能遭受篡改的风险），而是通过确立"鉴真规则""传闻证据规则""推定规则"，强调区块链的"一致性"。①

　　电子数据的记录和验证以及诉讼中的证据保存、提交和验证，都可以借助区块链技术来完成。② 如果要确保区块链存证机制得到顺利运行，还需要通过一定组织架构予以落实。根据用户参与程度不同以及网络节点数量规模，可将区块链分为三种应用类型：私有链、联盟链和公有链。③ 私有链的使用权限往往掌握在特定组织手中，通常适用于公司、企业内部。对于联盟链的使用往往由被授权或被允许的特定参与者掌握决定权，这些主体可以根据权限查看有关信息。公有链以公开的方式允许各个节点的加入，这就使得任何人都有权力访问和使用公有链。我们发现，可以采用联盟链的方式构建司法区块链平台。如果采取这样的方式，诉讼中产生的不宜公开的信息则仅限于授权用户或参与者知悉；而对于可以公开的司法信息，通过保留公有链的形式公开则成为常态。因此，区块链存证就可以在中心化和去中心化的技术选择、公开透明和隐私保护的利益衡量以及技术驱动和法律原则的两难选择间寻找平衡点。④ 联盟链的应用已经在全国很多司法机关中发挥作用，有望成为公安司法机关建立共同数据库的基础技术系统支撑。⑤ 在上海，自"刑事案件智能辅助办案系统"（又称"206 系统"）全面深度应用以来，常

① 施鹏鹏，叶蓓：《区块链技术的证据法价值》，《检察日报》2019 年 4 月 17 日，第 3 版，第 3 页。

② 郑戈：《区块链与未来法治》，《东方法学》2018 年第 3 期，第 75-86 页。

③ 周高华，马林森：《区块链：新时代的重构革命》，北京：地震出版社，2019 年，第 80 页。

④ 李晓丽：《论区块链技术在民事司法应用中的价值、风险和进路》，《中国应用法学》2021 年第 3 期，第 1-19 页。

⑤ 张宇：《技术保障与规则建构：区块链视域下的电子证据适用》，《南京社会科学》2021 年第 10 期，第 93-99 页。

涉罪名的刑事案件办理已实现从立案、侦查、报捕、起诉、审判均在"206系统"内运行,业已实现"统一刑事案件证据标准""实现公检法司数据互通""构建刑事司法工作链接"三大创新之处,① 它利用区块链技术构建数据防篡改模型,有效解决司法部门内部证据需互证的问题,使证据真实性得到保证。② 在区块链技术应用视角下,"206系统"通过单向光闸传递数据,在"一中心、四平台"(分别是数据中心内网、公安内网、检察院内网、法院内网以及司法局内网)的基础上,加入五条存取证私有链防止数据篡改,③ 其稳定性已经得到司法实践的初步检验。

二、区块链赋能何以实现"自证"手段?

区块链存证技术无需通过证据组合以及链式论证来检验证据的一致性。区块链技术并不是一种单一的技术,而是整合了区块链数据结构、区块链算法、密码学原理等多种技术的综合性技术模型。④ 区块链存证技术通过基于去中心化的点对点机制、基于分布式节点的共识机制、基于非对称加密的签名验证、基于时间戳的链式区块结构、基于数据不可篡改的智能合约等技术,将"电子签名""可信时间戳"以及"哈希值校验"等一系列功能加以组合、彼此赋能,形成较为完备的"技术阵法",⑤ 完成对证据原始性、一致性的保障。从目前区块链存证实践来看,基于证据种类的属性和区块链技术的特征,电子数据首先与区块链技术融合,但是在上链存证的证据中,实际上并非仅限于电子数据这一证据种类,部分传统证据经过信息化的处理同样具备上链存证的形式要件,如将书证转换为PDF格式上链,或将物证拍照以及录像后上链。⑥ 作为证据收集、保管、移送、运用等行为链条的起点,犯罪行为发生后的证据分布受到内在(个罪的构成要件和证据定义、证

① 余东明:《人工智能辅助办案有效防范冤假错案》,《法治日报》2021年第1期,第2页。

② 吕游:《积极探索将区块链技术运用于新时代检务工作》,《检察日报》2019年12月15日,第3版,第3页。

③ 崔亚东:《人工智能与司法现代化》,上海:上海人民出版社,2019年,第118-119页。

④ 丹尼尔·德雷舍:《区块链基础知25讲》,马丹,王扶桑,张初阳,译,北京:人民邮电出版社,2018年,第27页。

⑤ 黄鹏:《区块链保障证据真实性:技术与需求的契合》,《大连理工大学学报(社会科学版)》2021年第4期,第96-104页。

⑥ 刘品新:《论区块链存证的制度价值》,《档案学通讯》2020年第1期,第21-30页。

据种类)和外在(社会认知能力、外在社会环境和行为方式)两方面因素的影响,[1]证据实体分布的不同对于载体呈现的形式同样有所影响,并且使得区块链技术的存证对象亦有分化现象。对于区块链存证的证据来源,可分为直接类证据以及转化类证据。直接类证据是指在侦查取证中形成的证据,可以通过数据化方式直接接入区块链系统,如电子数据和视听资料等数字化信息,又如勘验笔录、证人证言等在案件办理过程中制作的,可以直接在区块链上以数字化形式存储、处理、传输。转化类证据是指对于伴随案件发生形成的传统实物证据,如书证、物证、痕迹等,或者未能及时存入区块链系统的数字化证据,采用其他手段(如扫描、翻拍、转录)取证、固定,经由数字化处理转化为电子化形式,间接接入区块链系统。

区块链表现出技术自证的发展趋势,由此区分两种证据存证模式。对于直接类证据,在区块链技术赋能的检验场域中完全可以确保证据的真实完整。对于存证类证据,上链前的证据状态是否原始、真实,并非区块链技术本身可以解决,这有待于证据生成与上链的时间间隔逐渐缩短并趋向同一,具体至动态演进的时间维度中,未来技术自证的效用价值将逐渐提高。但是回到存证类证据的当前现状,其上链前的证据状态是否真实完整,单凭技术方案难以达到。为了保证上链前证据的证据能力,应当围绕证据上链之前的形成过程构建前端审查机制,结合上链前证据的取证过程和结果,着重审查数据的具体来源、生成机制和存储过程,同时还需要审查是否存在关联过程证据等情形,可以说,为了保证上链证据的证据能力,需要将数据产生的附属信息和痕迹数据信息一并保全,[2]通过综合判断实现证据上链前的状态确认。

三、区块链赋能何以实现"保证"效果?

对于来源、收集过程存在疑问、难以作出合理解释的实物证据,不能作为定案根据进入审判阶段。对此,中国刑事证据规定借鉴一种形式化的保管链条——反映证据的来源、提取、收集和存储——说明该证据的完整情况。这种证明保管链条的运行原理在于,从证据被提取之后直到法庭出示的整个期间,所有环节都需要被证明该项证据在此期间得到妥善保管。对于实物证据,要求运用勘验笔录、

---

① 冯俊伟:《刑事证据分布理论及其运用》,《法学研究》2019 年第 4 期,第 174-190 页。

② 史明洲:《区块链时代的民事司法》,《东方法学》2019 年第 3 期,第 110-120 页。

检查笔录、证据提取笔录、搜查笔录、扣押清单等"笔录类证据材料",从来源、提取、收集、保管等各个环节来证明该证据的真实性。[①] 而对视听资料、电子数据,保管链条提出更加严格的要求,从相关证据的来源、提取、保管、播放和鉴定等各个环节,对于证据保管链条完整、未破坏证据同一性提供证明。[②] 此外,刑事司法场域对于亲历性有所要求,即所有接触、保管实物证据的人员都应出庭提供证言,加以证明该项证据并未受到破坏。但是实践困境在于,一方面笔录类材料容易事后根据需要重新制作或者修改,真实性、原始性难以保证;另一方面,实物证据的持有人、见证人以及制作证据提取笔录、搜查笔录的侦查人员并不出庭说明保管具体事项。我们发现,当前保管链条的证明受到种种困扰,仅具形式意义而难以发挥实效。

区块链技术是对刑事证据保管场景、过程以及手段的重大革新,从证据的收集、提取和固定,再到移送、提交法庭审判,在整个过程中出现的任何变化都有所记录,从而最大限度地保持证据体系的完整状态。具有科技中立、价值无涉等特征的区块链技术,通过记录电子数据的真实状态,能够有效检验相关证据从收集、固定到法庭审判期间是否遭受篡改。区块链技术以代码操作的形式,通过经过验证的科技成果成为保管证据链条的合格载体,并通过技术证明保障证据保管前后过程的一致性减少实物证据在保管环节存在的污染风险和质疑空间,节省后续证据审查判断的时间,契合保管链条证明的核心要义——强调证据连续性的运用,即在证据提交给法庭时,必须能够说明在证据从最初的获取状态到在法庭上出现状态之间的任何变化。比如,2019 年 8 月,在区块链技术首次用于刑事案件证据保存、固定的王某民诈骗罪案件中,"支付宝公司出具的光盘内储存内容的 hash 值与'法证链'区块链上存放的 hash 值一致"[③],面对本案牵涉的诈骗事实以及受害人员遍布全国各地的基本情况,为了避免相关证据通过传统光盘方式在公、检、法之间流转产生的数据丢失抑或数据篡改情况,司法机关联合蚂蚁区块链团队,以区块链技术对数据进行加密存储,证据的流转和比对贯穿于侦查、公诉、审判全

[①] 陈瑞华:《实物证据的鉴真问题》,《法学研究》2011 年第 5 期,第 127-142 页。

[②] 陈瑞华:《刑事证据法的理论问题》,北京:法律出版社,2018 年,第 255 页。

[③] 浙江省绍兴市上虞区人民法院(2019)浙 0604 刑初 486 号刑事判决书.

过程,确保证据的真实性。①

第三节　未来图景:区块链赋能的基本保障路径

区块链技术对于未来刑事司法存证领域的贡献维度,在于过程保证。应当坚定选择由"结果确认"到"过程保证"这一应用逻辑,保障证据的证据能力。但是作为正在发展的技术,区块链存在遭受算力攻击、代码执行错误的风险,如何强化"存证"的稳定性、"自证"的技术性和"保证"的一致性是一项重要议题。通过法律制度的"规训"、技术运行的"自律"以及实践基础的"构筑",更好地确保证据"不受篡改"地进入法庭审判场域。

一、赋能存证:法律制度的"规训"

区块链代表"可信的人"到"可信数学"的转变,实现了身份信任、数据信任和过程信任。② 区块链中的参与节点越高,稳定性随之提高,愈加难以篡改,更加接近成为一个稳定可靠的载体系统。这种可靠性的认定,需建立在存证平台的权威性、中立性之上积聚规模效应。区块链去中心化特点的真正实现尚需一定时间,所以在实践应用中仍是一种适度去中心化的中心化机制。若在司法机关内部采取联盟链这一构架,可在一定程度消解"中心化"与"去中心化"之间因为价值对立产生的技术矛盾。这是因为,通过联盟链可以弱化"去中心化"的特性,将区块链权力交由特定用户控制、行使,从而严格保障整个系统的访问控制权限,继而集中管理在侦查、鉴定、审计、仲裁以及公证过程中出现的不太适合公开的信息材料,并可同时保持社会服务类别信息具有的公有链属性。

通过法律制度予以"规训",做好整体构造的顶层设计。可以由最高人民法院推动建立统一的刑事司法区块链存证系统,将各级刑事司法机关作为节点,并且跨链连接司法鉴定中心等单位,构建多元主体共同参与的信任网络,将区块链内蕴的技术风险通过权威体系加以控制,保证证据流转过程中的共同维护、治理和监督,形成一套综合全面、协调一致、高度透明的区块链赋能刑事证据制度体系。

---

① 余建华:《全国首例区块链存证刑事案宣判》,《人民法院报》2019年11月11日,第3版,第4页。
② 叶春晓:《区块链:看得见的信任重庆》,重庆:重庆大学出版社,2019年,第219页。

例如,"上海刑事案件智能辅助办案系统"的研发运行是根据中央政法委决策部署,上海市委以及市委政法委负责指导,通过上海市司法机关的具体协作,使得区块链赋能目标下的存证机制稳定性和安全性有所保障,这可以看作司法机关推动构建的联盟链。目前来看,在全国范围内有部分省市已经开始"206"系统适用的试点工作,如果凭借当前的智能辅助办案系统这一蓝本,通过法律制度将区块链存证的实施予以固定、细化,将其效果注入过程保证中,更能契合司法智能化时代的发展趋势——技术运用与法律实践的精准匹配。

二、赋能自证:技术运行的"自律"

如果要实现技术自证,在借助技术提升其采集、筛选、甄别、链接相关证据的能力基础上,应当压缩证据收集与存证上链的时间间隔。在司法实践中,证据收集、固定在前而上链存证在后的情形较为常见。在证据上链后的存证机制中,可以保障上链证据未经篡改。问题在于,如何确保证据在上链前的原始状态真实、客观?在证据收集、固定时即同步上链保管,得以充分技术保障,这是最为理想的区块链技术存证应用场景。在证据收集阶段,从刑事司法行为链上来看,以侦查机关为搭建起点,根据取证时机的不同展开直接取证和转化存证两种手段。直接取证是从源头规范和控制证据,通过区块链系统直接存证,确保接入的证据符合有效存证的技术标准、内容要求和格式规范;转化存证需要格外审查上链前的证据真实性、原始性,借此达到一种严格审查的目的,得以有效预防、控制证据毁损和灭失的风险。通过观察两种存证方式发现,区块链技术的自证功能始自区块链存储证据的前端,而无关上链前证据的状态审查。将关注重点聚焦于区块链技术本身,在存证上链阶段的技术安全机制仍有待提升,面临来自区块链系统内部和外部的算力攻击,威胁区块链系统安全。[1] 对于当前网络环境可能带给上链证据的安全风险——在系统正常的运作过程中因违法连接、入侵和干扰造成的数据信息丢失或者损毁,应当继续重视技术的升级和改进,通过技术机制确保每个环节的数据准确与完整,借以维护系统持续运转和数据容灾容错的能力,夯实技术基础。

---

[1] 金璐:《规则与技术之间:区块链技术应用风险研判与法律规制》,《法学杂志》2020 年第 7 期,第 84-93 页。

三、赋能保证:实践基础的"构筑"

区块链存证机制这一制度的形成、完善依赖实践基础的"构筑",才可应对包括法律问题和技术问题在内的各种不确定性。这一基础在于司法实践中的经验智慧和知识沉淀,使得区块链存证技术的应用汲取有益经验的指引、评价和引领。在顺应技术融合之契机的同时,仍要保持证据规则之定力,不能在技术冲击下产生运用的偏向,而应在技术驱动下完成证据应用的发展和更新。在发展态势日益迅速的区块链技术背景下,协调和沟通将成为各知识群体之间的重要工作,以知识工程为表现形式的区块链法律调整手段将会出现,该手段将借助工程化的知识管理方式对区块链法律调整手段产生影响。从追求实效的意义来看区块链的法律调整,这将是一种系统化和工程化的法律工程。[①] 知识工程对于区块链实践运行机制具备指导意义。当前的区块链已经形成了一个初步的系统生态,可以通过搭载人工智能等现代科学技术,将所有人和事物都陈列到虚拟网络世界的"货架"上,面向智能技术进行统一标识,并确保标准化的智能操作。[②] 区块链技术构成的信任网络覆盖多方节点,不同节点中的主体可以进行数据上传、连接和交换等操作,从而实现证据收集、存储和使用的过程。需要注意的是,在该过程中的具体工作仍由司法人员实施,将要面对不同技术标准和存证规则尚不统一、规范查阅使用权限如何分配等问题。对于正在刑事诉讼制度现代化道路上奔跑前行的刑事诉讼学术研究与立法改革而言,似乎更为紧要的是回归到以注重主体、考虑人性的道路上来。[③] 处于智能司法开始应用的时代背景,"以人为主,人机结合"成为今后司法建设的方向之一,[④] 规范建设若要实现具体化和操作化的作用图景,应该注重司法经验的汲取和证据规则的参照,如参照司法部门的示范性庭审案例进行合规化设计,明确证据保存范围或存证、固证标准,将其植入到区块链存证平台的建设中,规避保管环节的风险,构筑起信用生态系统的基石。

---

① 陈立洋:《区块链研究的法学反思:基于知识工程的视角》,《东方法学》2018年第3期,第100-108页。

② 余成峰:《法律的"死亡":人工智能时代的法律功能危机》,《华东政法大学学报》2018年第2期,第5-20页。

③ 左卫民:《刑事诉讼中的"人":一种主体性研究》,《中国法学》2021年第5期,第86-101页。

④ 高翔:《智能司法的辅助决策模型》,《华东政法大学学报》2021年第1期,第60-75页。

结　语

　　区块链技术与司法证明的深层互动对国家司法改革将产生重要影响,亟需学界投入足够的理论关注。在"区块链 + 刑事证据"这一领域中,对区块链技术的应用逻辑存在理论误读,可能在司法实务中导致一定程度的混乱。在对"区块链 + 刑事证据"的实践表现以及技术原理进行反思以后,发现只有遵循由"结果确认"到"过程保证"的逻辑转型,才能推动区块链技术更好地赋能刑事证据的司法应用。在此基础之上,我们可以通过出台法律文件、规范技术运行以及整合实践做法等措施,以期在刑事证据的流转过程中借助区块链技术实现数字正义。同时,区块链技术赋能刑事证据的适用将成为现代科学技术与证据法学结合的重要节点,目前学界对区块链赋能证据适用的研究还处于起步阶段,区块链技术如何赋能刑事证据适用、区块链赋能证据适用带来的伦理风险等问题需要深入研究。

第二章

情报主导侦查视角下的
电子数据收集及对隐私权的影响

2020 年《中华人民共和国民法典》规定了隐私和个人信息保护问题,从私法典的角度完成了对个人隐私和信息的保护。通常意义上的个人信息包括隐私信息和非隐私信息,在刑事诉讼中,作为对个人生活产生严重干预的特殊手段只能适用于隐私信息的收集,非隐私信息的收集通常可以采取常规手段,如果采取网络嗅探等特殊手段获取将会违反比例原则。情报主导侦查作为对打击犯罪具有显著作用的手段,在信息化社会也不能缺席,电子数据的收集与信息化背景下的情报主导侦查密不可分。目前,我国刑事诉讼电子数据收集已经在实践中广泛应用,并取得良好效果,但也存在不容忽视的问题,如何实现个人隐私保护是必须面对的问题。目前司法实践中针对不同的犯罪手段或者犯罪形态形成了多种收集电子数据的网络侦查手段,密码破解技术、数据包网络嗅探技术的木马反编译技术等都已经在电子数据收集中使用,如何应对情报主导侦查背景下电子数据收集手段的正当使用值得深思。

第一节　情报主导侦查与电子数据收集

情报主导侦查是情报主导警务模式下的概念,在维护社会稳定与打击犯罪层面发挥着重要作用。情报主导警务在犯罪控制、犯罪模式分析等方面做出的努力已经在情报学领域产生影响。情报主导警务模式的重心在于"通过隐秘手段对团体或个人进行侦测,通过逮捕他们或其他的干预手段来预防进一步的犯罪"。① 情报主导侦查作为情报主导警务模式下的分支手段,在预防犯罪层面发挥的作用更加突出。随着电子数据在刑事诉讼中的出现,犯罪嫌疑人使用现代通讯手段和网络技术实施犯罪在社会中已经屡见不鲜。除采取事后惩治的方式打击犯罪外,如何通过事前预防的手段将犯罪消灭于未然也成为实务部门追求的重点。

一、情报主导侦查的界定

情报主导侦查是刑事侦查工作的重要选择,对情报主导侦查背景下的电子数据收集是侦查机关在侦查程序启动之前乃至在犯罪行为发生之前实施的行为。情报主导侦查既包括侦查机关发现犯罪线索的行为,也包括侦查机关收集证据的行为,其可以分为事前预防和事后侦查两种情形,其中事后侦查是侦查机关在犯罪行为发生之后做出的反应,严格意义上属于刑事侦查的内容。

关于情报主导侦查,学界存在不同的称谓,有的学者称为"情报导侦"②,有的学者称之为"情报信息导侦"③。究其实质,对"情报主导侦查"的界定具有以下共同之处。第一,情报主导侦查的对象为情报信息。情报主导侦查是对与犯罪事实有关的情报信息和线索的收集与运用,是刑事司法实践中证据的重要来源。第二,情报主导侦查的主体为侦查机关。情报主导侦查从称谓上看属于刑事侦查工作,虽然收集与犯罪有关的情报信息既可以发生在初查阶段,也可以发生在侦查阶段,不过从主体层面看,情报主导侦查的主体是侦查机关。第三,情报主导侦查具有事前侦查和事后侦查之分。情报主导侦查从严格意义上说属于广义的侦查,既包括初查程序的线索收集,也包括侦查阶段的证据收集。

情报主导侦查是以侦查机关或者初查机关收集的情报信息作为主要来源,并对案件的侦破起着重要影响的侦查方式,是为了刑事侦查工作的发展和社会安全形势的变化而出现的侦查方式。情报主导侦查是情报工作从情报服务侦查发展

---

① [英]艾德里安·詹姆斯:《英国情报主导警务的实践与发展》,周西平译,北京:中国民主法制出版社,2018 年,第 2 页。

② 李恒:《基于域外情报导侦模式下的我国反恐情报工作研究》,《情报杂志》2017 年第 5 期,第 23—30 页。

③ 任克勤、艾明:《"情报信息导侦"是现代侦查的基石》,《中国人民公安大学学报(社会科学版)》2007 年第 3 期,第 69—71 页。

为情报主导警务的结果,是大数据和信息技术应用于刑事侦查工作的结果。[①] 情报主导侦查对刑事诉讼产生的最大影响在于刑事证据的使用,情报信息在刑事证据中的使用表明了情报信息对刑事侦查的导向作用。同时,情报信息与刑事证据之间的关系也对情报的客观性、关联性和合法性提出了要求。[②] 情报主导侦查作为长期存在于刑事侦查程序的手段,在实现打击犯罪的目的方面发挥了重要作用。在智慧侦查背景下,大数据证据的收集和使用与情报信息的收集产生了交织,情报主导侦查的运行受到现代科学技术手段的影响。因此,在当前智慧侦查背景下,情报主导侦查的界定与范围在很大程度上对传统情报主导侦查制度进行了改造。

二、情报主导侦查与电子数据收集之间的关系

情报主导侦查属于刑事诉讼中传统的线索收集手段,但随着科学技术在刑事诉讼中的运用,电子数据的出现对传统情报主导侦查制度提出了挑战。特别是在智慧侦查背景下,厘清电子数据乃至大数据证据的收集与情报主导侦查之间的关系是进行研究的前提。

第一,情报主导侦查视角下的电子数据收集对个人隐私干预更为强烈。情报主导侦查在收集犯罪线索或者证据的过程中,惩罚犯罪的追求更加强烈,如何获得证明犯罪嫌疑人有罪的证据是情报收集部门关注的重点。与传统证据线索收集不同的是,电子数据的无形性使得个人隐私信息极易受到披露,个人隐私权受到侵犯的机率大大增加。传统证据视野下的情报主导侦查收集个人情报信息的范围相对较小,与之相比,收集电子形式的情报信息的范围较大,既可以涉及个人基本信息,也可以涉及个人的隐私信息,故对个人隐私权的干预程度也更强。

第二,情报侦查与电子数据收集在权力主体层面具有一致性。情报主导侦查与电子数据收集之间的关系最直接体现为侦查工作的开展。传统意义上的情报收集主体涉及情报部门、国家安全机关、侦查机关以及其他情报收集部门,刑事案件的发现与侦办中情报信息的收集由行使初查权或侦查权的部门负责。我国刑

① 洪磊:《21世纪初英国警务情报工作改革研究》,《情报杂志》2019年第11期,第79页。

② 张伟:《毒品案件中边防情报向刑事证据转化的相关问题研究》,《情报杂志》2011年第12期,第48页。

事案件的初查通常由侦查机关负责,故情报主导侦查背景下情报信息的收集是由侦查机关负责。刑事诉讼中电子数据的收集主要是在侦查阶段进行,审查起诉和审判阶段也可以补充收集部分电子数据。就侦查阶段电子数据的收集而言,收集主体是侦查人员,与情报主导侦查背景下情报信息的收集主体一致。

第三,情报侦查通常是电子数据收集的前置程序。侦查机关收集证据通常以线索的收集为开端,情报收集在很多案件中是获取证据的重要来源。电子数据作为刑事证据的法定种类,很大程度上依赖情报信息的收集。可见情报侦查程序作为侦查机关或者初查机关收集证据的重要环节,是收集电子数据的前置程序。情报主导侦查强调情报信息在刑事侦查中的地位,对刑事证据的收集、整合与使用具有重要价值,刑事侦查中实现了情报信息的收集之后,才能确定收集的情报信息能否作为电子数据,甚至才可以判断收集的情报线索能否作为收集电子数据的来源。

第四,收集电子数据与信息化背景下的情报主导侦查制度相伴发展。电子数据的出现是现代科学技术在法学领域的必然结果,科学技术在刑事诉讼中的使用发展了刑事证据制度,扩大了证据种类的范围,为多元化犯罪模式背景下的案件侦破提供了方向。在信息化社会,传统情报收集不能适应新时代的情报主导侦查模式,传统情报主导侦查手段已经不能满足信息化时代的刑事犯罪证据收集的要求,在这种情况下,用于收集电子数据的技术手段开始发挥作用。虽然密码破解、木马程序以及网络嗅探并非新近出现的技术手段,但将其用于电子数据的收集并未形成规模化。侦查机关收集电子数据作为信息技术与刑事诉讼融合的体现,与信息化背景下的情报主导侦查制度始终相伴发展。

三、情报主导侦查视角下收集电子数据的典型方式

情报主导侦查视角下的电子数据收集方式较传统情报收集手段而言更加依赖科学技术手段。密码破解、木马程序以及网络嗅探已经成为电子数据收集的重要手段。从技术的角度而言,此类手段的使用对发现与案件有关的证据、犯罪事实具有积极意义,但从个人权利保护的角度而言,这些手段的使用很大程度上对个人基本权利特别是隐私权造成了干预。

第一,密码破解技术。密码破解技术属于计算机科学领域的研究对象,收集

刑事电子数据是将计算机科学技术运用到刑事诉讼程序的体现。密码破解是侦查机关获取加密电脑或者加密移动终端以及加密文件或文件夹中数据信息的重要方式。通常情况下,侦查人员首先会通过要求犯罪嫌疑人予以配合的方式获取电子数据,只有在犯罪嫌疑人不予配合的情况下才采取密码破解技术,侦查机关采取网络远程勘验等措施收集电子数据时也可能需要破解密码。密码破解技术具有多种形式,有的学者提出,仅以手机内电子数据的密码设置为例,就存在手势密码加密和复杂密码加密等形式①,并且因手机操作系统的不同,还会存在不同型号手机的电子数据解密。此外,侦查人员在收集电子数据过程中可能会通过路由器收集相关电子数据,如果路由器设置密码,侦查人员需要获取路由器密码。侦查人员在不能获取路由器密码时可能需要通过暴力破解的方式实现对路由器的访问。从总体上看,密码破解技术具有相似性,并且实践中存在典型的密码破解形式。

密码破解技术是密码技术的一方面,密码技术包括加密和解密,加密是通过特殊算法将明文予以隐藏,在不知道密码的情况下通常无法知悉明文内容;而解密则是与加密相对应的程序,是通过输入密钥将密文转化为明文的程序。在不知道密钥的情况下,需要通过密码破解的方式将密文转化为明文。密码破解的技术主要有密码清除、后门密码、网络窃听、社会工程、计算密码和暴力破解等方式,②其中暴力破解是常用方式,该种方式也称为穷举攻击法,"是指密码分析者采用依次试遍所有可能的密钥对所获密文件进行解密,直至得到正确的明文;或者用一个确定的密钥对所有可能的明文进行加密,直至得到所获得的密文"。③暴力密码破解往往通过提升处理器运算速度的方式实现,但是仅仅通过该种方式实现快速破解密码的目的还是存在困难。对于暴力破解密码,有的学者认为目前已经发展出三种提升密码破解速度的方法:一是增加核心核处理器数量来提升单个处理器的运算能力;二是通过分解任务的方式将密码破解分配给通信连接的多个设备;

---

① 王即墨等:《Android 智能手机锁屏密码及破解方法研究》,《刑事技术》2015 年第 2 期,第 143-145 页。

② 黄步根:《密码破解技术》,《中国司法鉴定》2010 年第 6 期,第 34 页。

③ 麦永浩等主编:《计算机取证与司法鉴定(第 3 版)》,北京:清华大学出版社,2018 年,第 60 页。

三是通过特定算法烧录的方式为芯片分配特定解密任务。① 密码破解技术在获取加密的计算机以及加密的文件与文件夹内的电子数据时具有重要作用,特别是在犯罪嫌疑人拒不配合侦查的情况下,侦查人员通过破解密码的方式也可以获取对案件事实具有重要价值的数据。密码破解主要是通过穷举攻击法和分布式网络解密手段实现。穷举攻击法属于传统的解密技术,在侦查机关破解密码活动中发挥着重要的作用。穷举攻击法对长度较短的密码破解比较有效,但是对长度较长的密码需要采取分布式网络解密手段。分布式网络解密是将大量数据的分析任务分配给多台计算机,再将结果汇总的解密手段。②

第二,木马应用程序。木马程序是计算机后门程序的一种,计算机中的后门是针对计算机通过秘密手段获取访问能力的技术。③ 同时,木马程序与计算机病毒、蠕虫和僵尸程序等一样,都属于恶意程序的范畴,可以利用存储介质和网络进行传播,横跨多台计算机系统,在未经授权的情况下破坏计算机系统的完整性。④ 木马程序是秘密潜伏并且能够通过远程网络进行控制的恶意程序,具有隐蔽性和非授权性的特点。⑤ 木马程序的主要目的是破坏、窃取施种木马病毒的对象计算机内的文件或者是直接通过远程操控方式控制主机。在刑事侦查中,侦查人员也会采取木马程序等后门程序收集对案件事实具有价值的电子数据,侦查人员采取木马程序收集电子数据会受到诉讼程序的限制。

木马程序是通过远程网络进行控制的恶意程序,攻击者可以通过向对象电脑植入木马程序的方式实现控制对方计算机的目的,并且木马程序具有隐藏性、自发性的特点,不会对计算机造成危害,以控制计算机为主。⑥ 与一般病毒不同,木马程序不会自我繁殖,也不刻意地去感染其他文件,它通过伪装自身吸引用户下载执行,向施种木马者提供打开被种主机的门户,使施种者可以任意毁坏、窃取被种者的文件,甚至远程操控被种主机。⑦ 完整的木马程序是由服务器程序和控制器

① 刘浩阳:《网络犯罪侦查》,北京:清华大学出版社,2016年,第68页。

② 杜春鹏:《电子证据取证和鉴定》,北京:中国政法大学出版社,2014年,第89页。

③ 杨永川等:《计算机取证》,北京:高等教育出版社,2008年,第35页。

④ 麦永浩:《电子数据司法鉴定实务》,北京:法律出版社,2011年,第130页。

⑤ 刘浩阳:《网络犯罪侦查》,北京:清华大学出版社,2016年,第137页。

⑥ 殷俊:《云计算环境下木马技术研究》,《信息网络安全》2011年第6期,第44页。

⑦ 刘浩阳:《网络犯罪侦查》,北京:清华大学出版社,2016年,第137页。

程序组成,其中服务器程序是由施种者将其安装在被种者电脑中的程序,控制器程序则由施种者拥有,由其对对象计算机进行操控,包括使用被种者的账号密码。可以说木马程序的功能很强大,具有"远程文件管理、远程进程控制、远程键盘鼠标控制、密码窃取"等功能。[①]

第三,网络嗅探技术。网络嗅探技术是获取网络数据并进行分析的技术,在网络嗅探过程中,攻击者通常在网络拓扑节点或者链路上窃取敏感数据,[②]然后对数据进行分析,以获得对其有用的信息。可见网络嗅探技术包括两个方面的基本工作:一是攻击者通过嗅探器获取流经网络的数据,二是攻击者对获取的流经数据进行分析。前者是获取电子数据的功能,后者是对电子数据进行深入分析的功能,同时,对电子数据的获取也包括对电子数据的筛选。网络嗅探属于网络取证的方式,其具有以下特征。第一,网络嗅探的对象是处于传输状态的数据包或者数据流。网络嗅探的对象具有动态性,并非对单机进行电子数据取证。第二,网络嗅探与攻击者的行为具有同时发生的特点。由于网络嗅探是针对传输状态的电子数据而采取的手段,这就使得通过嗅探技术进行网络取证的人员的取证行为与网络攻击者作案行为的发生具有同时性。

网络嗅探可以分为主动嗅探和被动嗅探两种方式,其中主动嗅探是网卡在非混杂模式下,入侵者通过特定技术进行的嗅探。由于非混杂模式下,即使收到数据电文,网卡也会对数据电文进行判断,如果根据 MAC 地址发现数据电文不是发送给自己,则会将该数据电文丢弃。而被动嗅探是工作在混杂模式下的嗅探,网卡对传输的所有数据电文都可以进行拦截、监听。[③]可见,普通模式下工作的网卡"只能接收发往本地地址和广播的数据包,其余数据包将简单地转发,并不把数据交给主机处理""工作在混杂模式下的网卡将接收所有经过本网卡的数据"。[④]网络安全管理人员或者网络监听的实施者可以采取网络嗅探技术进行网络监听,

① 刘浩阳:《网络犯罪侦查》,北京:清华大学出版社,2016 年,第 137 页。

② 张传浩等:《基于软件定义网络的反嗅探攻击方法》,《计算机技术》2018 年第 11 期,第 3258 页。

③ 秦玉海等:《伪热点窃取他人信息的实现及其侦查取证方法》,《中国刑警学院学报》2017 年第 1 期,第 121 页。

④ 王永全等:《信息犯罪与计算机取证》,中国工信出版集团,北京:人民邮电出版社,2018 年,第 145 页。

是因为将网卡的工作模式设定为混杂模式之后,数据包嗅探器将捕获所有的数据包,并将此类数据进行分析。网络嗅探的原理是对网络接口进行设置,并且此处的接口可以"在网上的任何一个位置实施",将该接口设置为监听模式之后,相关人员便可以获取传输的数据,然后再由专业人员对所获得的数据进行分析,从而得到目标数据。

第二节　密码破解在收集电子数据中的应用及对隐私权的影响

密码破解软件是应用于设置密码的操作系统、文档与文件等不可直接获取电子数据的软件。侦查机关工作人员在收集电子数据的过程中不可避免地会遇到犯罪嫌疑人将计算机、手机等设备设置密码或者将存储设备中的文件、文件夹设置密码等情形,密码破解是解决该问题的重要方式。

一、密码破解在侦查机关收集电子数据中的应用

侦查机关收集电子数据程序中的密码破解技术主要应用于犯罪嫌疑人有可能将与犯罪有关的信息存储于与网络用户账号、电子数据存储载体、文件或者文件夹有关的空间内的情形。网络远程勘验是侦查人员通过登录账号、密码的方式对远程计算机系统的电子数据通过下载的方式进行取证的行为。通常情况下,侦查人员在获知账号、密码的情况下收集犯罪嫌疑人在微信群等群组内的电子数据不需要采取技术侦查手段。如果在不能获知账号、密码,并且其他人员也不提供登录群组的账号、密码的情况下,侦查人员可能会采取技术侦查手段,但技术侦查的实施需要符合法律的规定,而密码破解就是这里的技术侦查手段之一。因此,侦查人员收集上述电子数据首先需要从犯罪嫌疑人或者其他相关人员处获取密码,在无法获取密码的情况下才可以采取解密手段强制获取电子数据。

在加密电子数据与非加密电子数据的证据能力方面,有的学者认为加密电子邮件的证据能力要强于非加密的电子邮件,并且非对称性加密电子邮件的证据能力要高于对称性加密的电子邮件。[1] 因此,加密的电子数据在司法实践中比非加密电子数据的证据地位要高,密码破解技术在司法实践中也具有存在的价值与必

---

① 庄乾龙:《刑事电子邮件证据论》,北京:社会科学文献出版社,2013 年,第 60 页。

要性。但是采取解密技术收集刑事诉讼电子数据在司法实践中也存在相应的问题。一方面,对加密电子数据的追求有可能会强化侦查人员收集此类电子数据的思维,对于可以收集非加密电子数据或者通过其他证据形式可以形成完整证据链条的,侦查人员没有必要再采取密码破解的方式收集电子数据。另一方面,密码破解技术耗费的时间相对较长,采取该种方式收集电子数据容易造成贻误侦查的后果。通常情况下,密码符号包括 26 个英文小写字母、26 个英文大写字母、10 个数字和 33 个其他符号,导致每一位密码的选择有 95 种,并且密码设置的长度越长,破解的难度越大,时间也越长。在当前计算机技术发展如此迅速的情况下,对个人信息的保护越来越受到重视,密码的位数也将会逐渐增加,使得通过密码破解技术获取电子数据困难重重。

二、密码破解对个人隐私权的影响

密码破解技术属于对公民处于隐私层面的信息的挖掘,因此,侦查人员采取密码破解技术收集电子数据将会造成侵犯公民隐私权的后果,对个人隐私利益保护将产生负面影响。

第一,密码破解是在不能直接获取加密空间电子数据的情况下采取的,对公民个人隐私的侵犯程度与搜查电子数据载体具有同样的强度,其与通讯数据截取的强制程度也具有相似性。正如有学者所言,密码破解是通过口供无法获取密码登录计算机或者打开相应文件时获取电子数据的唯一选择。[①] 因此,采取密码破解的手段收集电子数据与扣押电子数据载体之后对电子数据进行搜查的强制性可谓旗鼓相当,甚至还强于电子数据的搜查。与搜查电子数据相比,密码破解属于侦查机关与电子数据之间的桥梁,搜查电子数据使侦查人员可以直接获取电子数据,而采取密码破解技术则是侦查人员在无法直接获取电子数据的情况下采取的手段。因此,采取密码破解技术收集电子数据会严重侵犯个人的隐私权,应当采取严格的收集程序。

第二,密码破解获取的电子数据是对被收集者具有绝对隐私利益的信息,应当属于核心隐私利益电子数据的范畴。按照电子数据具有的隐私利益的强度为

---

① 王伟兵,文伯聪:《基于彩虹表技术的分布式密码破解研究》,《中国人民公安大学学报(自然科学版)》2017 年第 1 期,第 79 页。

标准,可以将电子数据区分为具有隐私利益的电子数据和不具有隐私利益的电子数据,其中具有隐私利益的电子数据又可以区分为具有核心隐私利益的电子数据和具有非核心隐私利益的电子数据。采取密码破解技术获取存储于计算机载体或者网络空间内的电子数据属于对公民核心隐私利益的侵犯,是公民不将其个人信息透露于外部的最强烈表现,侦查人员采取此种方式获取的电子数据属于具有绝对隐私利益的电子数据,对此需要确立严格的立法程序。

第三,密码破解对个人隐私侵犯的高强度要求对其适用最为严格的诉讼程序。个人在计算机或者网络空间设置密码的原因在于保障存储载体内或者网络空间隐私信息不为他人所知。侦查机关采取密码破解技术收集电子数据是在犯罪嫌疑人不告知密码并且采取其他合理措施无法获取与犯罪有关的数据的情况下展开地,使得打击犯罪与保障人权之间的矛盾凸显。侦查人员采取密码破解技术收集电子数据具有正当性,立法在保障侦查人员行使权力的正当性时还应当对侦查机关的权力作出规制,避免侦查机关不受限制地采取密码破解技术收集电子数据。比例原则和司法审查原则是程序设置的重要内容:只有在采取其他措施无法获取被加密的电子数据时才可以采取密码破解技术;侦查人员采取密码破解技术需要接受中立司法官员的审查,情况紧急不能及时接受审查的,应当事后及时补充审查。

第三节　木马程序在电子数据收集中的应用及对隐私权的影响

一、木马程序在侦查机关收集电子数据中的应用

将木马程序运用到电子数据收集程序中,对个人隐私利益的侵犯将非常大,可以说在木马程序面前个人将无隐私可言。如果采取木马程序收集刑事诉讼电子数据,既可以借助网络技术收集犯罪嫌疑人实时传输的数据,也有可能直接远程获取存储在计算机硬盘中的电子数据。侦查人员在申请种植木马的令状时需要将不同的情形予以明确,截取网络在线数据,需要签发令状;远程搜查犯罪嫌疑人电脑中的存储数据,还应当签发额外令状。因此,有学者对此评价,"以一张网络监控令状既为实时数据之截取,又秘密获取硬盘存储资料,既不合乎比例原则,

也违背了令状主义的基本意旨"。[1]

木马程序如何植入个人电脑,实践中存在多种途径,有学者认为至少可以通过五种方式将木马程序植入个人电脑:一是警察机关将木马软件进行伪装并安装在官方软件中,供公民个人下载;二是警察机关通过发送电子邮件的方式将木马程序植入电子邮件中,公民个人一旦打开电子邮件,木马程序就会植入电脑;三是警察机关要求网络电信营业者在设置防火墙时故意开放安全漏洞,个人一旦连接到网络就会植入木马程序;四是警察机关要求网络服务提供者在向消费者提供下载软件服务时将木马程序伪装在软件内;五是将木马程序植入光碟,通过个人读取光碟的方式将木马植入电脑等手动植入方式。[2]侦查机关通过上述方式可以顺利实现木马程序的种植,并为收集被种者的电子数据提供便利。侦查机关采取上述方式施种木马程序在司法实践中存在的情形较多,并且该类方式对公民个人隐私权的侵犯较为严重。

二、木马程序对个人隐私权的影响

侦查机关采取木马技术收集电子数据属于干预公民基本权利与自由的手段,电子数据所有者的隐私权在无形中受到了侵犯。由于木马程序的应用通常不会事前向被收集对象告知,便会产生这样的结果:侦查人员采取木马程序收集电子数据时,被收集对象对木马程序的适用并不知情,不能行使防御权以保障其隐私权免受任意侵犯。虽然侦查人员基于公共利益的考量,认为刑事侦查具有必要性,在符合法定程序和法定要件的情况下可以对相关内容进行截取,[3]但是被收集对象所承受的隐私利益被侵犯以及防御权利无法及时行使的后果都对个人隐私权造成了影响。

从学理上讲,采取木马技术获取电子数据既包括采取监听方式收集刑事诉讼电子数据的形式,也包括采取搜查方式收集刑事诉讼电子数据的形式。有的学者认为,二者在实质上都是在木马程序适用对象不知情的情况下实施的,是侵犯个

---

[1] 刘梅湘:《侦查中的网络监控法制化研究》,北京:法律出版社,2017年,第145页。

[2] 谢俊硕:《警察机关的骇客任务——论线上搜索在警察法领域内实施的法律问题》,《台北大学法学论丛》第93期,第8-9页。

[3] 傅美惠:《侦查法学》,台湾:元照出版公司,2011年,第310页。

人隐私权的行为,属于典型的强制处分。① 采取木马程序收集刑事诉讼电子数据在司法实践中主要是以上述两种收集方式实现,其中针对"正在进行的"通讯是以通讯截取的方式借助木马程序实现,针对已经存储于载体内的电子数据则是以搜查的方式借助木马程序实现。② 采取木马程序收集刑事诉讼电子数据无论是通过通讯截取方式实现还是通过搜查的形式实现,因不事前通知木马程序的适用对象,这就造成木马程序适用对象的隐私权与隐私利益处于不安全的地位,并且在电子数据收集过程中处于完全被动的地位,木马程序适用对象无法积极防御以抵制侦查权的滥用。

采取木马技术收集电子数据是在被收集对象不知情的情况下展开,被收集对象的隐私信息在毫无防备的情况下被侦查人员获取。因此,木马技术在电子数据收集中的应用对公民个人隐私权造成巨大的冲击。但由于科学技术的日益发达,犯罪嫌疑人实施犯罪的手段也更加先进,犯罪的发生也更加具有隐蔽性,侦查机关不可避免地要采取现代科学技术手段进行侦查。为打击危害国家安全和损害公共利益的犯罪案件,侦查机关采取技术侦查等手段具有必要性。在将技术侦查特别是木马技术等现代科学手段运用于刑事侦查的当下,如何在有限范围内做到既有效打击犯罪又对个人隐私权干预程度降到最低是我们应当考虑的问题。

第四节　网络嗅探在电子数据收集中的应用及对隐私权的影响

网络嗅探技术是通过嗅探器捕获流经网络的数据来获取某网段上信息的技术,是窃取信息的重要方式,也是网络攻击的具体手段。网络监听离不开网络嗅探技术的应用,网络嗅探技术通过"利用计算机的网络接口截获目的地与其他网络计算机进行网络传输过程产生的数据包"③ 方式来实现网络监听的目的。

---

① ［日］田口守一:《刑事诉讼法(第四版)》,张凌,于秀峰译,北京:中国政法大学出版社,2010年,第83页。

② ［日］田口守一:《刑事诉讼法(第四版)》,张凌,于秀峰译,北京:中国政法大学出版社,2010年,第83页。

③ 杨永川等:《计算机取证》,北京:高等教育出版社,2008年,第96页。

一、网络嗅探在侦查机关收集电子数据中的应用

网络嗅探技术作为电子数据收集的工具和手段,针对的是动态传输的电子数据,该手段是侦查人员发现案件线索并迅速破案的有效路径。侦查人员如果要取得对案件具有重要价值的电子数据,有可能采取嗅探技术实现,但司法实践对侦查人员运用嗅探技术收集电子数据提出了更高要求。

第一,侦查人员的技术能力过硬。网络嗅探技术属于计算机技术的层面,其如果在刑事侦查程序中得以运用,则具有了侦查技术的特征,属于侦查人员应当掌握的科学技术。侦查人员采取科学技术侦查案件,需要具备强硬的侦查能力与技术技巧。"嗅探如同'剥洋葱'一样逐层解析数据流。"[1]侦查人员需要根据电子数据在传输过程中所处的位置进行嗅探,根据国际标准化组织的网络体系模型,网络分层可以分为"应用层、表示层、会话层、传输层、网络层、数据链路层与物理层"[2],获取不同电子数据需要嗅探器在不同的网络层工作,这就需要侦查人员对网络分层以及网络协议较为熟悉,并且能够对软件获取的电子数据包进行筛选、分析。

第二,侦查人员收集电子数据的范围更广。电子数据因其虚拟性与海量性的特点而给侦查机关的收集行为带来困难。因此,侦查人员运用嗅探器进行网络嗅探过程中可能会抓取更多的数据包,在对数据包进行分析后,侦查人员获取的电子数据的范围也较广。如前所述,侦查人员采取网络嗅探技术抓取数据包是网卡在混杂工作模式下实现的,侦查人员抓取的数据包包含所有经过该网卡的数据,"当主机工作在监听模式下,所有的数据帧都将交给上层协议软件处理""在同一条物理信道上传输的所有信息都可以被接收到"。[3]这就导致侦查人员采取网络嗅探技术收集电子数据时,收集的电子数据的范围会更广。

第三,网络嗅探本身的技术性较强。高科技性是嗅探技术最为典型的特征,侦查人员收集电子数据时,如果采取嗅探技术,则需要工作人员具备较强的专业技术。就目前我国侦查机关收集电子数据的实践现状来看,侦查人员的专业技术

① 刘浩阳:《网络犯罪侦查》,北京:清华大学出版社,2016年,第24页。

② Eoghan Casey, *Digital Evidence and Computer Crime*, Francis: Academic Press, 2000, p85-86.

③ 王永全等:《信息犯罪与计算机取证》,中国工信出版集团,北京:人民邮电出版社,2018年,第145页。

并未达到采取嗅探技术所需要的标准,即便有些地区的侦查机关内部已经有具备相应条件的工作人员,但侦查人员所具有的进行网络嗅探的技术在司法实践中不能满足该种方式收集电子数据的需要。不过由于目前需要采取嗅探技术收集电子数据的案件并不多,对该类技术人员的需求并未达到急迫的程度。虽然嗅探技术对个人隐私权侵犯较大,但随着科学技术深入运用于犯罪的趋势日益加剧,嗅探技术适用于证据收集有可能适用于更多的案件,相关技术人员的需求也会增加。

二、网络嗅探对个人隐私权的影响

网络嗅探属于技术侦查的手段,是侦查机关工作人员在电子数据收集中采取技术手段收集正在进行的网络通信信息的方式。技术侦查措施对公民个人隐私权具有较强的侵犯性,如果运用不当,将会给犯罪嫌疑人、被害人乃至其他案外人造成重大损失。

网络嗅探技术全面收集经过接口的电子数据对公民个人隐私造成了威胁。与普通模式下的网卡接收数据包的形式不同,采取混合模式的数据包接收实行的是全面监听。这就使得采取嗅探器收集电子数据具有全面性的特点,对于侦查机关全面收集犯罪嫌疑人是否有罪以及量刑轻重的证据具有重要价值。但不可否认的是侦查范围的扩大对公民个人隐私造成极大的威胁。从上文可以得知,嗅探技术的适用可以分为两步:一是侦查机关通过嗅探器全面获取经过特定接口的数据;二是侦查机关需要对获取的数据包进行分析,从而获得对案件具有重要价值的电子数据。侦查机关通过嗅探技术获取电子数据包之后还需要进行分析,这一过程将会淘汰与案件事实无关的电子数据。如果传输的电子数据中包含犯罪嫌疑人与本案无关的数据信息,就会侵犯犯罪嫌疑人与案外人的隐私权。通过嗅探技术获取电子数据属于采取技术侦查收集电子数据的重要方式,对犯罪嫌疑人和相关人员的隐私权将造成严重后果。如果司法实践中需要采取网络嗅探技术收集电子数据,需要采取严格的程序进行限制,保障侦查人员采取网络嗅探符合比例原则的要求。

第五节　隐私权保障视野下特殊手段收集电子数据的限制使用

密码破解、木马程序和网络嗅探是现代科学技术手段的集中体现,也是对刑事侦查具有重要推动作用的方式。侦查机关采取密码破解等技术手段侦查案件,能够极大地提高案件侦查的效率。密码破解、木马程序等方式具有强侵权性特征,对公民个人基本权利具有较强的干预。侦查机关采取现代科学技术手段收集电子数据不能没有边界,采取特殊手段收集电子数据应当受到规制。

一、限制使用特殊手段收集电子数据的理论基础

侦查机关采取强侵权性技术手段收集电子数据严重侵犯了犯罪嫌疑人乃至案外人的隐私权等基本权利。以技术手段收集电子数据既与宪法规定的基本权利具有密切关系,也与刑事诉讼程序具有重要的关系。因此,限制侦查机关采取特殊手段收集电子数据的理论基础既体现在宪法理论层面,也体现在刑事诉讼法理论层面。

第一,隐私权保护理论。隐私权是人权的表现形式,有些国家也将其规定为基本权利。即使在没有规定为基本权利的国家,隐私权也是通过人格尊严权等其他基本权利体现出来。可见隐私权在现代基本权利体系中占据着重要的地位。"隐私权"一词首先由美国法学家布兰代斯和沃伦在《隐私权》一文中提出,这是隐私权最早的研究。随着科学技术的不断发展,密码破解、网络嗅探等技术突破原有专业,从计算机领域开始向其他领域扩展。现代科学技术应用于刑事侦查是科学技术推动侦查程序发展的体现。但与此同时,作为隐私权表现形式的隐私利益开始更加充分地暴露在公众视野下,密码破解等技术的应用大大增加了个人隐私信息暴露于公众的机会,严重侵犯了犯罪嫌疑人乃至案外人的隐私利益。有的学者从生活安宁权的角度论述隐私权,认为隐私权作为一项私权,"对个人独立人格具有重要意义""是维护个人生活自由和私生活自主的重要内容""也是维护个人尊严的重要组成部分"。① 笔者认为上述观点是隐私权保护的重要理论依据,在刑事诉讼中也能够体现出对上述私权的保护。隐私权保护理论在我国的基础性地位体现得并不明显,有学者对隐私权保护在我国并不发达的原因进行了考察,认为

---

① 王利明:《生活安宁权:一种特殊的隐私权》,《中州学刊》2019 年第 7 期,第 47-48 页。

我国父权家长制为核心的宗法制度制约了隐私权保护的发展,同时,我国欠缺隐私权保护的司法制度也是制约隐私权保护理论发展的重要因素。① 因此,基于隐私权保护理论的考虑,侦查机关采取特殊手段收集电子数据需要受到刑事诉讼程序的规制,实现打击犯罪与保障人权的平衡。

第二,人格尊严与自由保护理论。与隐私权保护理论一脉相承,人格尊严与自由保护理论是隐私权保护理论的具体体现。有学者认为,作为人格权的隐私权注重保护的是公民个人的自由和尊严等精神利益,② 这是以保护对象的形式明确了隐私权保护的理论基础。当前隐私权保护已经成为人格尊严与自由保护的重要内容。有学者的实证研究表明,当前我国个人"信息保护面临更大的威胁","数字人格的重塑成为可能"③。人格尊严与自由保护是对个人基本权利进行保障的重要依据,侦查机关采取现代科学技术手段收集电子数据对人格尊严与自由造成的侵犯对个人将会产生严重后果。人格尊严是《宪法》第 38 条作出的明确规定,旨在通过根本大法的形式将人格尊严确定为公民的基本权利,实现对公民基本权利的保护。自由保护更多地体现为人身自由的保护,《宪法》第 37 条也将人身自由不受侵犯确立为公民的基本权利。但是自由保护理论随着科学技术的发展不再仅仅局限于人身自由的保护,个人思想的自由表达与不受任意干预也是言论自由的体现。因此,自由保护理论在言论自由的层面上对公民的重要性日益凸显。侦查机关采取现代科学技术手段收集电子数据对网络言论自由形成威胁,具有侵犯个人言论自由的可能性。人格尊严与自由保护具有宪法依据,是公民不受任意侵犯的基本权利。具有宪法地位的人格尊严与自由保护理论在刑事程序中体现为公民诉讼权利的实现以及基本权利的不受侵犯。虽然隐私权并未成为宪法明确规定的基本权利,但是人格尊严等基本权利的内容是隐私权的主要来源,有学者也认为隐私权未在我国取得法律地位,以间接方式保护个人隐私是我国隐私权立

① 靳海婷:《美、德个人信息宪法保护路径比较及启示——以个人信息德双重属性切入》,《重庆邮电大学学报(社会科学版)》2018 年第 4 期,第 51-52 页。
② 王秀哲:《大数据时代个人信息法律保护制度之重构》,《法学论坛》2018 年第 6 期,第 118 页。
③ 陈瑞华,郑洁萍:《在利益与人格之间:社交网站个人信息保护研究——基于 10 家社交网站的分析》,《新闻界》2018 年第 5 期,第 51 页。

法存在的缺陷。① 侦查机关采取密码破解、木马程序等现代技术收集电子数据是对个人隐私权的侵犯，对侦查机关的行为进行制约是人格尊严与自由保护理论的必然要求。

第三，程序正义理论。程序正义是诉讼程序必然秉持的基本理念，也是侦查机关实施侦查行为必须坚持的底线。我国传统诉讼长期处于民刑不分、实体与程序不分的混沌状态，中华法系的传统对我国刑事诉讼的影响一直存在，这就使得程序正义理念在我国刑事诉讼程序中处于弱势地位。由于我国传统刑事诉讼注重实体真实，案件的解决以发现案件事实与追究犯罪为目标，至于如何获取证明案件事实的证据则在所不问。这也导致刑讯逼供在传统刑事诉讼中取得合法地位，冤假错案在司法实践中层出不穷。随着刑事诉讼地位的不断独立，刑事诉讼程序正义逐渐取得了与实体正义抗衡的机会，程序正义开始在刑事诉讼中发挥作用。侦查机关收集证据行为的合法与否对案件的发展方向具有重要影响，侦查机关的行为如果受到程序的控制，将会为其行为设定相应的边界，从形式上保证侦查行为的合法性。侦查机关采取现代科学技术手段收集电子数据属于特殊的侦查行为，侵犯公民基本权利的可能性更大，这就需要保证侦查机关的行为受到适当控制，合法性审查是对侦查行为进行规制的有效途径。因此，程序正义理念作为对公民基本权利进行保护的有效工具，应当是对侦查机关收集电子数据行为进行规制的重要理念。

二、限制侦查机关使用特殊手段收集电子数据的具体内容

侦查机关采取特殊手段收集电子数据应当受到具体程序的限制，立法者制定法律时应当从程序层面限制特殊手段的使用，学界对"被遗忘权"的研究也一定程度上对侦查机关采取特殊手段收集电子数据的行为进行了限制，明确了个人享有的数据删除的权利。② 对侦查机关收集行为的限制应当从案件适用范围、电子数据的类型、审查的限度以及后果的承担等方面展开。

第一，采取特殊手段收集电子数据仅适用于严重犯罪案件。侦查机关采取密

① 王敏，江作苏：《大数据时代中美保护个人隐私的对比研究——基于双方隐私保护最新法规的比较分析》，《新闻界》2016 年第 15 期，第 60 页。

② 刘学涛，张翱鹏：《被遗忘权的制度缺失、发展困境与中国构建路径》，《重庆邮电大学学报（社会科学版）》2019 年第 3 期，第 45 页。

码破解、木马程序以及网络嗅探收集电子数据在一定意义上与采取技术侦查措施具有相似性,甚至有的情况下属于技术侦查的重要手段。《刑事诉讼法》规定技术侦查措施时,明确了技术侦查只适用于部分严重的犯罪案件,并且技术侦查的实施应当符合比例原则和必要性原则的要求。技术侦查仅适用于"危害国家安全犯罪、恐怖活动犯罪、黑社会性质的组织犯罪、重大毒品犯罪或者其他严重危害社会的犯罪案件",这表明立法者对技术侦查措施适用的慎重性,也体现了对公民基本权利的关注与保护。但是目前我国关于"重大犯罪"的范围并未形成统一的标准,虽然2012年颁布的《人民检察院刑事诉讼规则(试行)》第263条曾规定,"本条规定的利用职权实施的严重侵犯公民人身权利的重大犯罪案件包括有重大社会影响的、造成严重后果的或者情节特别严重的非法拘禁、非法搜查、刑讯逼供、暴力取证、虐待被监管人、报复陷害等案件"。但是"重大影响""严重后果""情节特别严重"如何界定还是处于空白状态。笔者认为从刑期和社会危险性方面界定重大犯罪具有可行性。一是刑期可以进行量化,并且可能判处的刑罚越严重说明该犯罪给社会造成的后果越严重,当前可能判处十年以上有期徒刑的案件宜界定为严重犯罪。二是社会危险性是由中立机构对犯罪嫌疑人的行为进行评估,以确定其犯罪是否属于严重犯罪案件。通过刑期和社会危险性评估可以对重大犯罪进行过滤,保障侦查机关正确使用现代科技手段收集电子数据。

第二,采取的特殊手段仅适用于具有核心隐私利益的电子数据。电子数据具有不同的种类,对不同的电子数据的收集应当设置与之成比例的程序。目前我国电子数据的分类并未形成成熟的标准,学界当前关于电子数据分类的主要观点有:静态电子数据和动态电子数据①、内容数据和非内容数据②以及生成电子数据、存储电子数据和混合电子数据③。但目前电子数据的分类并未体现出公民基本权利保护的重要性,特别是对个人隐私权的忽略是最大弊端。虽然《关于办理刑事案件收集提取和审查判断电子数据若干问题的规定》第1条以列举的方式对电子数据进行分类,但是该种分类不仅标准不明确,而且也未体现电子数据中个人基本权利的重要程度。由于刑事诉讼中个人基本权利受侵犯的可能性更大,刑事

① 李双其,林伟:《侦查中电子数据取证》,北京:知识产权出版社,2018年,第64页。
② 郝万里,韦韧等:《电子数据取证技术综述》,《信息安全研究》2016年第4期,第299-306页。
③ 杜春鹏:《电子证据取证和鉴定》,北京:中国政法大学出版社,2014年,第89页。

诉讼电子数据收集程序的设置应当按照隐私利益的大小作出区分,相应的电子数据也划分为有隐私利益的电子数据和无隐私利益的电子数据。与隐私利益有无的绝对二元标准不同,笔者认为隐私利益还存在强弱不同的灰色地带,设置的程序也应当有所不同,当前也有部分学者提出特定公共场所下公民也享有隐私的观点,[①] 对此笔者持赞成态度。因此,有隐私利益的电子数据可以分为具有核心隐私利益的电子数据和具有非核心隐私利益的电子数据。无隐私利益的电子数据主要体现为不具有隐私期待的电子数据,如公开的网页上的电子数据等;非核心隐私利益的电子数据是有隐私期待但并未达到最高程度的数据,这类数据并非完全处于公开状态,如聊天群组中的信息,朋友圈内的电子数据;核心隐私利益的电子数据主要是指个人隐私期待较高的数据信息,体现为实时通讯的电子数据、个人存储装置中的电子数据。无隐私利益的电子数据由于不涉及个人基本权利的保护,收集该类数据相对简单,无需通过强侵权性方式收集;非核心隐私利益的电子数据因涉及的隐私利益保护程度不强,如果采取强侵权性方式收集将违反比例原则;核心隐私利益电子数据涉及个人隐私较强,收集该类电子数据时应当设定最严格的标准,该类数据可以采取强侵权性方式收集,这符合比例原则的要求,但应当设定严格的审查标准。

第三,特殊手段收集电子数据应当经过最严格的司法审查。如前文所述,侦查机关只能针对核心隐私利益电子数据采取特殊手段,并且采取该类手段时需要严格遵循司法审查。司法审查是规范侦查行为的重要手段,刑事诉讼程序相对发达的很多国家和地区都确立了司法审查制度,即便之前采取行政审批制度的英国,在针对通讯数据的截取与获取的规制中也引入了司法审查,确立了由行政专员和司法专员双重审查的双锁机制。[②] 侦查机关采取特殊手段收集电子数据需要受到严格的司法审查,其中审查主体应当是中立的机构,世界各国的通行做法是由法官负责审查侦查机关申请的令状,我国对此可以借鉴。法官对令状的审查应当从案件范围、必要性、是否符合比例原则以及收集主体是否适格等方面审查,特

---

① 李延舜:《公共视频监控中的隐私权保护研究》,《法律科学(西北政法大学学报)》2019 年第 3 期,第 54 页。

② 孙明泽:《英国通讯截取的最新制度及对我国的启示——基于英国〈2016 年侦查权力法案〉的考察》,《情报杂志》2019 年第 2 期,第 100 页。

别是对侦查机关采取现代科技手段收集电子数据时工作人员是否具备实施上述手段的资质进行审查,避免电子数据收集中出现违法行为或者出现收集无效的情形。除进行事前审查外,中立机关还应当进行适当的事中和事后审查,对侦查机关收集电子数据的合法性进行监督。事中审查主要由检察机关实施,这与检察机关的法律监督机关地位不无关系。侦查机关采取特殊手段收集电子数据的,需要定期向检察机关报告,检察机关根据报告内容进行审查。事后审查是侦查机关采取特殊手段收集电子数据后,犯罪嫌疑人或者被告人认为侦查机关收集电子数据的行为存在违法之处,其有权提出申诉,由检察机关或者人民法院进行审查。对于确实属于违法收集电子数据的情形的,应当按照非法证据排除规则的要求予以处理。

第四,采取特殊手段收集电子数据应当受到非法证据排除规则的限制。非法证据排除规则是刑事诉讼应当坚持的重要制度,对于规制公安司法机关的公权力行为具有重要意义。目前我国非法证据排除规则已经形成相对完善的体系,但是主要还是针对非法获取的实物证据和言词证据。《关于办理刑事案件收集提取和审查判断电子数据若干问题的规定》针对电子数据也规定了非法证据排除规则,但是该种规定是类比实物证据的非法证据排除作出的规定,并未体现电子数据的特殊性。侦查机关采取特殊手段收集电子数据的对象是核心隐私利益电子数据,该类电子数据对公民个人的价值较大,不能轻易受到侵犯,如果侦查机关采取违法手段收集该类电子数据的,应当坚持绝对排除的态度,杜绝侦查机关非法采取特殊手段收集电子数据。

结　语

侦查机关采取严重干预个人基本权利的方式收集电子数据应当受到严格的程序规制。虽然采取密码破解、木马程序等手段收集电子数据既会收集与个人隐私利益具有密切关系的信息,也会涉及与个人隐私利益并不密切的信息,但基于对个人隐私权保障的考虑,应当坚持严格的收集程序。当前科学技术作为推动社会发展的巨大动力,对我们生活的方方面面有着重要的影响,刑事侦查程序作为与个人生活具有很大关联性的活动也不可避免地受到现代科学技术的影响。密码技术、木马程序以及网络嗅探技术是实践中获取电子数据的典型方式,这些手段作为对公民个人隐私权产生重要影响的方式,如果其使用不受限制,将会产生严重的后果。将上述手段适用于侦查机关收集电子数据的程序时,应当设置严格的诉讼程序,将侦查机关收集电子数据的行为限制在合理的范围内,实现打击犯罪与保障人权的平衡。

第三章

初查阶段电子数据收集程序规制研究

初查阶段电子数据收集程序属于刑事诉讼程序的前置准备程序,但是该程序对刑事诉讼目的的实现具有不可替代的价值。初查阶段刑事电子数据的收集也应当受到程序的规制,应当由法律规定具体适用程序。为何要通过刑事诉讼程序规制刑事电子数据的收集,美国有学者从社会控制的角度给出了答案。刑事诉讼的表面功能在于惩罚犯罪人,其潜在功能在于社会控制,即对人的行为等进行指引。[①] 初查阶段刑事电子数据的收集应当受到程序的限制,即通过程序控制实现法律的社会控制功能。

第一节 初查阶段电子数据收集程序规制的理论基础

初查属于刑事诉讼程序的前期准备程序,属于对与案件有关的事实的过滤,只有达到立案条件的案件才能够进入刑事诉讼程序。因此,初查阶段与刑事诉讼的任何阶段都不同,其在本质上不具有刑事诉讼程序的高强制性特征。由于初查阶段线索与材料不能完全确定是否为定案的依据,需要侦查机关采取进一步的措施进行确认,这就使得初查阶段收集刑事电子数据具有正当性。初查阶段收集刑事电子数据也应当有范围的限制,毕竟初查阶段并不属于具有强制性特征的刑事诉讼程序。正如有学者指出,立案审查阶段赋予侦查机关调查权具有必要性,但

---

① See Joycelyn M. Pollock，Crime & Justice in America：《An Introduction to Criminal Justice（2ed Edition）》，Published 2015 by Routledge Press，First issued in hardback 2017，p6-7.

这种调查措施应当受到限制，与立案之后强制性措施的采取存在差异。① 初查阶段电子数据收集程序规制体现了人权保障理念和无罪推定理念。

一、初查阶段电子数据收集程序规制体现了国家权力制约理论

初查手段的侦查措施化是刑事诉讼中面临的问题，宋英辉教授认为初查手段与侦查手段存在混淆之处，在未将二者予以区分的情况下增设初查阶段不利于公民个人权利的保护。② 侦查机关作为初查的主体是否具有正当性，在侦查与初查未进行明确区分的情况下能否继续由侦查机关行使初查的权力，还需要根据我国当前刑事诉讼状况进行判断。

由于目前我国关于初查阶段的规定并不明确，侦查机关在案件侦查过程中出现"不破不立"的情形，导致我国司法实践中不少案件是经过初步侦查之后才进入刑事立案程序。③ 初查属于立案之前对案件材料的审查，是对案件是否达到立案标准进行认定的阶段，在此阶段也无法确定初查对象是否构成犯罪。即便有合理根据怀疑初查对象有可能构成犯罪，在进一步收集材料时也不得采取侵犯初查对象基本权利的措施。初查阶段收集刑事电子数据的程序规制是对侦查机关初查行为的规制，目的在于通过限制国家权力的行使保障公民个人基本权利。随着信息技术发展环境下国家机关管理职能的提升，在世界范围内多个国家已经出现侦查权的扩张，大规模数据的收集将会造成其与个人基本权利保护的冲突。④ 这种冲突在初查程序刑事电子数据的收集中也日益凸显，如何权衡二者之间的关系需要进行深入思考，通过程序设置制约国家权力的行使也成为一种选择。

通过法律规制初查阶段侦查机关的电子数据收集行为体现了国家权力制约理论，其根基在柏拉图的《法律篇》中也有所体现。王人博和程燎原教授在对《法律篇》的解读中指出，"在柏拉图看来，法律是'第二等好国家'的统治者，即这个国家是奉法律至上的政府，统治者和臣民都服从法律；这个国家的人们（包括官

① 万春等:《〈关于办理刑事案件收集和审查判断电子数据若干问题的规定〉的理解与适用》，《人民检察》2017 年第 1 期，第 51 页。

② 宋英辉、吴宏耀:《刑事审判前程序的研究》，北京:中国政法大学出版社，2002 年，第 144 页。

③ 孙康:《比较与借鉴:刑事诉讼启动程序研究》，《河北法学》2011 年第 9 期，第 130 页。

④ 裴炜:《个人信息大数据与刑事正当程序的冲突及其调和》，《法学研究》2018 年第 2 期，第 49 页。

吏)都应受法律统治而非强迫性的统治"。① 之所以对国家公权力进行制约是因为权力具有扩张性的特征,掌握国家公权力的主体在不受制约的情况下极易出现集权的后果。同时,按照卢梭的观点,"政府只不过是一种代理机构""公共权力的保管人并不是人民的主人,只不过是人民的办事员"。② 行使公权力的国家机关应当在法律规定的范围内正当行使人民赋予的权力。初查阶段侦查机关收集电子数据的行为应当受到国家法律的制约,特别是在对个人基本权利具有较大干预可能性的电子数据收集和技术侦查措施的适用中,应当坚持任意侦查理念,不能在此阶段出现强制侦查措施。

二、初查阶段电子数据收集程序规制体现了无罪推定理念

无罪推定原则是刑事法领域保障个人基本权利的重要工具,无论是在大陆法系国家还是在英美法系国家,都有无罪推定原则的身影。除各国刑事诉讼发展对无罪推定原则起到推动作用外,全球性的国际公约也是无罪推定原则的重要推动力。《两权公约》第 14 条、《罗马规约》第 66 条都规定,被告人(任何人)在被最后判定有罪之前应当推定无罪。国际人权法的发展与人权意识的提高,使得无罪推定原则几乎为世界所有法系国家的刑事法律吸收。③ 在初查阶段,初查对象不应当被当作犯罪嫌疑人对待,这是无罪推定原则在初查阶段的体现。即便是有充分的有罪证据指向初查对象,基于程序正义的理念,仍然不能将其看作罪犯。谷口安平教授认为"程序本身确实能够发挥给结果以正当性的重要作用",并认为该作用既可以"是由于程序进行蒙受了不利结果的当事者不得不接受该结果的作用",也是"对社会整体产生的正当化效果"。④ 因此,无罪推定首先在程序上认定未经人民法院依法判决的人无罪。

初查阶段收集电子数据必然要秉持无罪推定理念。一是初查阶段还未进入正式的刑事诉讼程序。有学者提出初查是指侦查机关"在接获相关案件线索时为

---

① 王人博、程燎原:《法治论(第三版)》,桂林:广西师范大学出版社,2014 年,第 7 页。

② [美]E·博登海默:《法理学:法律哲学与法律方法》,邓正来译,北京:中国政法大学出版社,2004 年,第 71 页。

③ 朱文奇:《国际刑事法院与中国》,北京:中国人民大学出版社,2009 年,第 340 页。

④ [日]谷口安平:《程序的正义与诉讼(增补本)》,王亚新、刘荣军译,北京:中国政法大学出版社,2002 年,第 10—11 页。

确定案件是否符合立案条件而进行的初步调查活动。"[①] 对此按照学界对"初查"的界定,初查属于立案之前对案件是否符合立案标准的审查,即初查并没有进入严格意义上的刑事诉讼程序。初查阶段收集刑事电子数据的行为严格意义上不属于国家机关工作人员的刑事诉讼行为。对此行为如何界定属于对"初查"的专门性研究,本章只是提出该种行为并非刑事诉讼行为,除非《刑事诉讼法》将初查阶段规定为刑事诉讼程序的开端,否则不能认定该阶段刑事电子数据的收集属于刑事诉讼行为。

二是人民法院还未作出有罪判决。是否有罪的决定主体是人民法院,在其他国家也是由法院作出被告人是否有罪的判决,这是无罪推定原则的底线。无罪推定的内容之一为"被刑事指控者在被证实有罪之前应被推定无罪",[②] 证实被指控者有罪的任务应当由人民法院承担,在人民法院确定有罪之前不能将其作为罪犯对待。初查作为刑事诉讼程序开启之前的材料审查及部分材料的收集阶段,初查对象并非刑事诉讼法意义上的犯罪嫌疑人,对其采取的刑事电子数据收集手段应当符合普通人接受的程度,不能通过限制或者干预个人基本权利的形式进行。

三是证据的收集需要在侦查阶段完成。刑事诉讼程序中证据的收集应当主要在侦查阶段完成,审查起诉和审判阶段也可以进行补充侦查,立案前的材料审查以及部分材料的收集应当以不侵犯公民基本权利的形式进行。有学者认为当前大规模监控用于刑事诉讼立案之前,甚至将监控用于行政管理或者商业用途的现象普遍存在,并且很多案件是在监控结束之后启动刑事诉讼程序,需要对立案之前获取的数据的证据能力进行审查,特别需要从取证合法性以及公民权利保护角度进行审查。[③] 刑事电子数据收集在立案之前就已经开始,并且侦查机关接到报案人、控告人等提供的案件线索后也开始收集刑事电子数据,这具有侵犯公民基本权利的嫌疑。刑事电子数据证据的收集工作应当主要在侦查阶段完成,这对于贯彻无罪推定原则具有重要意义。

---

① 施鹏鹏、陈真楠:《初查阶段废除论——兼论刑事立案程序的调整》,《社会科学》2014 年第 9 期,第 98 页。

② 陈光中、张佳华、肖沛权:《论无罪推定原则及其在中国的运用》,《法学杂志》2013 年第 10 期,第 4 页。

③ 纵博:《侦查中运用大数据监控的法律规制》,《比较法研究》2018 年第 5 期,第 84 页。

第二节　初查阶段电子数据收集程序规制的现实需求

侦查机关在立案之后收集电子数据的行为需要进行法律规制,以保障侦查人员在法律规定的范围内开展侦查。初查作为刑事诉讼程序启动之前的活动,更需要对初查人员收集刑事电子数据的行为进行规制,避免对初查对象采取强制侦查的方式。在司法实践中,初查中对材料的审查在很多情形下只是将侦查行为前置于立案前的借口,"不破不立"等理念在刑事司法实践中还存在。因此,司法实践中冤假错案的出现、政府公信力的树立以及对案件客观真实的追求要求对初查阶段刑事电子数据的收集行为进行规制。

一、冤假错案的出现要求规制初查阶段的电子数据收集行为

刑事冤假错案的出现在司法实践中时有发生,在刑事诉讼的发展历程中不免出现冤假错案,但是如何防止冤假错案的出现却是立法者和理论研究者共同需要解决的问题。正如何家弘教授所言,"最新披露的一起冤错案件,但不会是最后一起冤错案件""我们必须认真研究冤错案件发生的原因,以便将其限缩到最低水平""刑讯逼供只是冤案成因的表象""每一起冤案的发生往往都是多种原因交互作用的结果"。[1] 因此,司法实践中冤假错案的出现并非仅仅是因为刑讯逼供的存在,多种因素的存在促使冤假错案在司法实践中频频出现。有学者对冤假错案纠错的原因进行分析,亡者归来、真凶再现等占主要因素,但是也存在血型检验错误、证据存疑等因素。[2] 因此,刑事诉讼中冤假错案的出现与证据的收集、适用具有重要关系,刑事诉讼的运行应当坚持证据裁判原则,对案件事实的确定应当严格依照侦查机关收集的证据。同时,对用于对被告人进行定罪的证据应当严格进行合法性审查,对于违反法律规定收集的证据应当视情况排除。[3]

初查阶段刑事电子数据的收集很容易演化为侦查程序的"预演",特别是对于重大案件,"不破不立"的观念对一线公安人员产生着重要影响。有学者认为,

---

[1] 何家弘:《迟到的正义——影响中国司法的十大冤案》,北京:中国法制出版社,2014年,第276页。

[2] 邓辉、徐光华:《影响性刑事冤假错案的产生、纠错、追责与民意的关联考察——以22起影响性刑事冤假错案为主要研究范本》,《法学杂志》2018年第4期,第68页。

[3] 卞建林:《夯实证据基础,防范冤假错案》,《人民法院报》2017年2月23日,第2版,第3页。

我国立案程序功能虚置导致侦查程序前置、"不破不立"等现象仍然存在,初查阶段侦查机关调取证据材料的行为与侦查行为并无区别,初查主体与侦查主体的同一性使得通过初查阶段限制侦查权的扩张存在困难。[①] 初查阶段调取、收集相关证据材料在很大程度上容易异化为侦查程序的前置,属于后期侦查程序工作的提前完成。由于初查阶段调取证据材料的行为属于任意性侦查措施,不能对初查对象的基本权利及个人隐私等造成侵犯。司法实践中初查阶段采取强制性措施完成侦查程序工作,具有收集侦破案件的证据材料的功能。《关于办理刑事案件收集提取和审查判断电子数据若干问题的规定》(以下简称《电子数据规定》)明确初查阶段收集的证据可以在侦查阶段使用,但是没有明确收集电子数据的具体程序,也没有将之与侦查程序中的刑事电子数据收集程序进行区分,更未将其与行政强制措施进行区分。正如有的学者所言,初查阶段的性质不明导致司法实践中同一机关行使双重权力,相关解释可以禁止初查阶段适用强制侦查手段,却不能禁止适用行政强制措施。[②] 司法实践中冤假错案的出现对初查阶段刑事电子数据的收集程序规制也具有重要影响,为防止初查阶段演化为侦查程序的"预演"并防止冤假错案的出现,应当明确区分初查阶段和侦查程序的功能,其中首先需要明确的是两阶段采取收集电子数据的强制程度应当存在差异。初查阶段应当采取任意性侦查手段,侦查程序应当采取强制侦查与任意侦查相结合的侦查手段。

二、政府公信力的树立与强化需要规制初查阶段的电子数据收集行为

在我国,负责初查阶段证据材料调取工作的机关为侦查机关,而目前的侦查机关多具有行政机关的属性,侦查权的行使也具有这种特征。即便检察机关作为司法机关也行使部分案件的侦查权,但侦查权在审批程序方面仍具有行政化色彩。由于冤假错案和司法腐败等问题的出现,政府公信力和司法公信力在社会民众中受到了影响。初查阶段收集证据的行为也能够产生社会效果,特别是实践中出现的初查阶段就严重侵犯初查对象甚至案外人的人身权、财产权等基本权利的

[①] 马婷婷:《公诉案件立案功能论——以公安机关为视角》,《法学评论》2018 年第 2 期,第190-191 页。

[②] 陈刚、蒋勇:《公安机关'两法衔接'中的证据转化隐忧——以警察行政强制权为视角》,《中国人民公安大学学报(社会科学版)》2014 年第 3 期,第 29 页。

行为,足以在社会层面给政府公信力造成负面影响。政府公信力与司法公信力的树立属于社会效果和法律效果的统一。一方面,政府公信力与司法公信力的树立受到行政机关和司法机关在社会民众心中地位的影响,对国家建设的社会效果产生重要影响。目前负责案件侦查的机关有公安机关、检察机关、监察机关、中国海警局、监狱以及军队保卫部门,这些部门除检察机关属于司法机关外,都属于行政机关或者军事机关。初查阶段由这些机关负责收集与调取证据,其行为在社会中就代表国家机关的形象,其工作人员的行为对司法公信力和政府公信力具有关键性的影响作用。可以说,"司法公信力与司法公众认同互为表里",后者构成前者的基础,社会效果是司法活动必须考虑的对象。① 因此,初查阶段收集刑事电子数据的程序规制对于实现国家建设的社会效果具有重要影响。另一方面,政府公信力的树立对于国家建设的法律效果具有重要价值。初查阶段的刑事电子数据收集程序规制应当由法律作出规制,在此程度上体现了国家建设的法治化程度。陈金钊教授认为法律效果是法律在社会中实施效果的体现,这体现出法律效果和社会效果的统一,但是法律效果的实现并非对法律条文的机械执行。② 因此,政府公信力的树立首先需要国家机关严格依照法律规定办事,同时在法律规定的范围内可以灵活适用法律规定,以便达到社会效果与法律效果的统一。初查阶段电子数据收集所产生的社会效果需要按照法律规定的诉讼程序办理,一方面侦查机关在初查阶段收集刑事电子数据于法有据,避免越权,另一方面也给社会公民个人基本权利保护提供防护罩。同时,初查阶段的电子数据收集应当在法律规定的范围内采取对个人负面效果最小的措施,保障个人不受初查措施的影响。

三、客观真实的追求要求规制初查阶段的电子数据收集行为

客观真实一直是我国刑事诉讼追求的效果,关于案件的客观真实曾经引起学界的讨论,并且对刑事诉讼中能否实现客观真实形成不同的意见,甚至在学界掀起了关于"客观真实"与"法律真实"的讨论。有的学者认为"客观真实"与"法律真实"在当前我国诉讼中的区分并不能对诉讼模式产生影响,我国当前的诉讼

---

① 马荣春:《刑法司法公信力:从基础到进退》,《现代法学》2013 年第 2 期,第 117 页。

② 陈金钊:《被社会效果所异化的法律效果及其克服——对两个效果统一论的反思》,《东方法学》2012 年第 6 期,第 50 页。

模式在于由哪些主体收集证据以发现客观真实,诉讼程序的设置应当最大限度地发现客观真实。① 有的学者从哲学的角度论证"法律真实"并不成立,从认识论和法律范畴的基本功能等角度分析,"法律真实说"并不成立,客观真实应当是判断证据真实性的依据。② 虽然目前我国已经有不少学者提出了"法律真实"的观点,但是客观真实在我国刑事诉讼领域的影响力不断提高,已成为学界和司法实务界的关注重点。

初查阶段刑事电子数据的收集也受到"客观真实"的影响。2014 年最高人民法院、最高人民检察院联合公安部出台的网络犯罪案件刑事诉讼程序的解释中规定,对于接受或者发现的案件线索,如果认为案件事实或者线索不明的,经办案部门负责人批准,可以进行初查。虽然该规定没有明确追求"客观真实",但是从规定的内容来看具有追求客观真实的倾向。在司法实践中,很多案件的证据收集体现了对客观真实的追求。例如,王某等人贩卖、运输毒品犯罪一案中,侦查机关提供的电子数据证据为公安机关调取的银行卡交易明细,证实被告人贩卖毒品时,使用银行卡进行毒品毒资交易流转情况;公安机关调取王某在工行使用 ATM 机汇款的部分视频截图,证实王某毒资往来的事实;调取的手机通话记录清单证实,毒品交易活动中上下线之间的通话情况。③可以看出,我国司法实践中对案件事实的侦查受到"客观真实"的影响,初查作为刑事诉讼程序启动之前的阶段,虽然收集刑事电子数据的强度没有侦查阶段大,但是初查程序刑事电子数据收集程序同样受到"客观真实"的影响。

第三节　我国初查阶段电子数据收集的制度解读

我国初查阶段电子数据收集程序在立法层面缺乏系统性的规定,特别是在初查程序并未成为刑事诉讼程序的情况下,如何规定初查阶段刑事电子数据的收集成为立法者需要考虑的问题。刑事电子数据已经成为刑事诉讼的法定证据来源,

---

① 张永泉:《客观真实价值观是证据制度的灵魂——对法律真实观的反思》,《法学评论》2012年第 1 期,第 40 页。

② 张继成、杨宗辉:《对'法律真实'证明标准的质疑》,《法学研究》2002 年第 4 期,第 119-121 页。

③ 黑龙江省伊春市中级人民法院刑事判决书,(2017)黑 07 刑初 2 号。

规制电子数据收集特别是包括初查阶段和侦查阶段的电子数据收集将成为电子数据领域的重要课题。目前我国已经出台了部分法律、解释对刑事电子数据收集程序进行规定,主要体现在主体和强制程度方面,对于具体程序特别是文书的签发等内容并未涉及。

一、初查阶段收集刑事电子数据的主体

2019 年《公安机关办理刑事案件电子数据取证规则》对刑事电子数据收集做出了最新规定,并且规定侦查人员有权收集刑事电子数据,但是并没有明确表明初查阶段也由侦查人员收集刑事电子数据。目前我国初查程序并未获得法定地位的情况下,公诉案件在立案之前基本是由侦查机关受理,由侦查人员在初查阶段收集部分刑事电子数据和线索也就具有现实可能性。2016 年《电子数据规定》第 6 条对初查程序的电子数据收集问题作出了初步规定,明确了初查过程中获取电子数据的证据资格,但是对于具体程序却没有作出详细规定。初查阶段电子数据收集的主体对该程序的适用具有关键作用,由哪些人在初查阶段收集刑事电子数据对被调查人的权利保障也非常重要。通过对《电子数据规定》的整体分析发现,初查阶段电子数据收集的主体应当为侦查机关。最高人民检察院的学者对《电子数据规定》的解读中也明确指出初查阶段收集电子数据的主体为侦查机关,在立案审查阶段赋予侦查机关初查的权力具有必要性。[①] 其实该规定出台之前,2014 年最高人民法院、最高人民检察院、公安部出台了《关于办理网络犯罪案件适用刑事诉讼程序若干问题的意见》(以下简称《网络犯罪若干问题意见》),该意见第 10 条规定了网络犯罪案件的初查。从意见规定的体系性进行解释,可以推断立法者将侦查机关作为初查阶段网络犯罪证据材料或者刑事电子数据收集的主体。此外,《公安机关办理刑事案件程序规定》第 171 条也规定公安机关为初查的主体。因此,就目前关于初查程序的规定来看,初查阶段的电子数据收集主体应当为侦查机关。

二、初查阶段电子数据收集手段的强制程度

初查阶段收集刑事电子数据应当在初查对象自愿提供的情况下进行或者在

---

① 万春等:《〈关于办理刑事案件收集和审查判断电子数据若干问题的规定〉的理解与适用》,《人民检察》2017 年第 1 期,第 51 页。

有第三人在场的情况下进行,通常由见证人监督电子数据的收集过程。《网络犯罪若干问题意见》第 10 条规定初查阶段对网络犯罪的初查需要满足特定条件:首先,线索或者案件事实不明;其次,需要调查以确定是否达到追诉标准;最后,部门负责人批准。除条件限制外,侦查机关对初查对象采取初查措施的,可以采取询问、查询、勘验、检查、鉴定、调取证据材料等措施,不得对初查对象采取强制措施,也不得查封、扣押、冻结初查对象的财产。可见,我国侦查机关的初查行为应当受到相应的限制,不得对初查对象的基本权利造成侵犯,也不得采取强制措施。但是,此处需要阐明的问题是,意见中的"强制措施"是否可以等同为"强制性措施"? 最高人民法院法官对《网络犯罪若干问题意见》的解读中规避了初查阶段网络犯罪侦查的细节问题,只是对法律规定进行了表层阐述。[1] 陈卫东教授认为目前我国司法实践中存在大量摸底排查、查阅户口记录等侦查措施,将任意侦查与强制侦查引入我国不利于侦查工作的法制化。[2] 即在我国初查阶段也存在大量的侦查措施,特别是将强制性侦查手段运用到初查阶段。郝宏奎教授以视频监控信息侦查技术的应用为例,总结出我国实践中存在 6 类视频侦查方法:预先干预型、捕捉现行型、追诉犯罪型、嫌疑人身份认定型、体貌身份混合型以及工具型。[3] 此 6 类视频侦查方法既可以适用于侦查程序,也可以适用于初查程序,并且每一种方法对基本权利的侵害程度不同。因此,我国目前对初查阶段电子数据收集行为的强制性程度并未规定,但从总体上看具有适用强制性侦查措施的情形。

第四节　初查阶段电子数据收集程序的比较法考察

域外国家和地区关于刑事电子数据收集程序的规定较为丰富,虽然有些国家和地区并没有明确的立案程序,也没有关于刑事案件的初查程序,但是侦查程序中刑事电子数据收集方面的规定也较为丰富。存在初查程序的国家和地区,在

---

[1] 喻海松:《〈关于办理网络犯罪案件适用刑事诉讼程序若干问题的意见〉的理解与适用》,《人民司法(应用)》2017 年第 17 期,第 20 页。

[2] 陈卫东、程雷:《任意侦查与强制侦查理论之介评——以同意取证行为为核心的分析》,《证据学论坛》2004 年第 7 卷,第 35 页。

[3] 郝宏奎:《视频证据在刑事诉讼中的功能及其发展前景——从伦敦地铁爆炸案谈起》,《证据学论坛》2008 年第 14 卷,第 272 页。

刑事电子数据收集方面也基本坚持采取任意侦查措施以及初查应当接受令状的限制。

一、初查程序中电子数据收集手段的强制程度

强制侦查与任意侦查制度是日本较为发达的侦查理论,并且日本《刑事诉讼法》对此作出了规定,"为了侦查需要,可以进行必要的调查。但是如果没有法律的明确规定,不得强制侦查"。因此,强制侦查只有在法律有规定的情况下才可以适用,与前文的法定原则具有异曲同工之效。任意侦查属于"不对相对人的合法权益强制性地损害,而由相对人自愿配合的侦查"。[①]初查属于收到立案材料之后的调查核实,本阶段是否需要将任意侦查与强制侦查进行区分对初查对象的个人基本权利具有重要影响。在具有初查程序的国家和地区基本上严格禁止对初查对象采取强制侦查手段,坚持该原则既是刑事诉讼保障人权的体现,也是一个国家和地区法制发展水平的衡量因素。

二、初查程序中电子数据收集的具体程序

刑事案件发生之后,侦查机关可以通过追踪数字终端来发现犯罪嫌疑人的踪迹,实现抓获犯罪嫌疑人的目的。在英美法系国家,2012 年英国警察协会颁布了《英国警察协会电子数据收集指南》,该指南主要内容涉及警察机关收集电子数据的相关事项。该指南中指出,在搜寻罪案现场时,可能会遇到许多不同类型的数码媒体和终端用户装置,而所有这些装置都可能储存对调查有价值的资料。为了保存数据并获得最优证据,这些装置必须得到适当的处理和安置,并应受到与任何其他需要进行法医学检查的设备一样的谨慎对待。[②]指南规定警察机关收集电子数据应当坚持以下四项原则:首先,任何人不得改变或者企图改变日后用于法庭审判的电子数据;其次,在查阅电子数据的原始材料时,必须附有充分的理由说明其查阅行为与案件之间的关联性以及其行为产生的影响;再次,应建立和保存关于电子数据收集的审阅记录或其他记录,独立的第三方应该能够查阅相关记录;最后,负责调查工作的人有全面责任确保法律和这些原则得到遵守。[③]因此,

---

① 孙长永:《强制侦查的法律控制与司法审查》,《现代法学》2005 年第 5 期,第 72 页。

② See ACPO Good Practice Guide for Digital Evidence, &4. 2. 1.

③ See ACPO Good Practice Guide for Digital Evidence, &2. 1. 1. ‑2. 1. 4

初查阶段的刑事电子数据收集行为应当受到法律程序的制约,警察机关或者初查机关只有在法律规定的范围内实施电子数据收集的行为才符合法律的规定。

在大陆法系国家,很多国家对初查阶段的证据收集问题作出了规定。《西班牙刑事诉讼法典》第 286 条规定,预审法官或者市法院法官在启动预先侦查程序之后,警察机构将停止实施预先侦查行为,并有义务提供侦查记录及收集的犯罪结果。西班牙初查由警察机关实施,刑事诉讼程序启动之后,除非调查官员授权,警察的初查权力终止。① 《意大利刑事诉讼法典》第 392 条第 1 款规定了公诉人和被告人在初查阶段享有的保全证据的权利,也可以称为预先取证的权利;第 394 条规定了被害人享有请求公诉人保全证据的权利;并且第 401 条第 1～3 款和第 5 款及第 403 条第 1 款对证据保全或预先取证的具体程序进行了规定。日本 2014 年修改的《监听通讯法》规定了令状的签发。该法第 3 条规定了法官签发监听令状的条件,司法警察或者检察官在足以认定犯罪嫌疑人为实行、预备或者采取事后毁灭证据而进行谋议、指示等相互联络之通信,非以其他方法难以锁定特定嫌犯及了解犯罪情况时,可以依据法官核发的令状监听电话。②

第五节　初查阶段电子数据收集程序规制的未来走向

初查阶段电子数据收集的主体应当有条件的限制,刑事电子数据收集涉及计算机等现代科学技术手段,初查阶段电子数据收集的程序规制应当以收集主体为核心,收集主体应当符合收集程序所需要的基本知识。正如波斯纳大法官对现代信息技术的评价,"计算机化特别是互联网对美国商业、文化、隐私、政治、教育、知识和信息的冲击,对家庭和个人(包括犯罪)行为的冲击,对努力规制这个怪兽所引发的具体技术问题的冲击,再怎么强调都不过分"。③

---

① 施鹏鹏:《比较刑事诉讼:案例教科书》,北京:中国政法大学出版社,2018 年,第 30 页。

② 刘家君:《日本通讯监察法制之研究——兼论我国通讯保障及监察法》,国立台湾大学硕士论文,2015 年,第 176 页。

③ [美] 理查德·波斯纳:《波斯纳法官司法反思录》,苏力译,北京:北京大学出版社,2014 年,第 86 页。

一、明确初查程序的法律地位

初查阶段刑事电子数据的收集主要是指侦查机关在初查阶段收集刑事电子数据的行为。就目前我国《刑事诉讼法》的规定来看，初查程序并没有作为刑事诉讼的必经程序规定在刑事程序法中，只是在最高人民检察院和公安部出台的部分解释与规定中有关于初查的规定。规制侦查机关在初查阶段收集刑事电子数据的行为首先需要解决初查程序在刑事诉讼中的地位问题。

《刑事诉讼法》是否应当明确初查程序的地位？我国初查程序并不需要完全独立于立案程序，当前的立案程序应当涵盖初查程序。首先，初查程序的目的是审查案件是否达到立案标准，属于立案的前置程序。初查的主要目的是审查侦查机关收到的材料是否达到立案的标准，并且对于部分需要收集的材料在初查阶段进行初步收集，实现初查程序的查证功能，避免立案程序的程序虚置问题。[①] 其次，初查程序与立案程序在审查主体、制度衔接方面可以融合。就目前初查和立案程序在我国刑事诉讼中的地位而言，初查和立案的结合可以实现两程序在审查主体、适用制度方面的衔接。立案程序中对线索材料的审查主体为侦查机关，并且公安部与最高人民检察院的解释中对侦查机关在立案前的证据收集进行了规定。特别是 2018 年最高人民法院、最高人民检察院、公安部以及司法部共同颁布的办理恐怖活动和极端主义犯罪案件的解释中明确初查阶段收集的电子数据以及网络在线提取的电子数据可以作为证据使用。可以说，在主体与制度方面实现了二者的衔接。最后，单独设立初查程序浪费司法资源。由于司法实践中由侦查机关负责立案标准的审查，刑事电子数据作为证据材料也自然成为侦查机关审查的对象。目前实践中，立案程序受到很多学者的质疑，甚至提出了废除立案程序的观点。在初查发挥重要作用的当前司法实践中，应当将二者合为一体，既可以实现立案程序的价值，也能够避免新设初查程序带来司法资源浪费的后果。

对公权力机关在初查阶段收集刑事电子数据的行为进行规制，前提是需要明确初查程序的地位，保障法律程序的设置存在规制的对象。我国目前关于初查程序的法律规定在各类法律解释中可以见到身影，但是在《刑事诉讼法》中并没有明显的规定。即使在 2018 年修改《刑事诉讼法》之后也没有对该程序的性质与

---

① 马婷婷：《公诉案件立案功能论—— 以公安机关为视角》，《法学评论》2018 年第 2 期，第 190、193 页。

地位作出明确的规定,只是在第 112 条规定了案件受理机关的"审查"。至于"审查"是做广义理解还是做狭义理解,对初查程序的定位具有重要意义。"审查"应当做广义的理解,既包括通常意义上的查明,也应当包括初查。由于初查程序与立案程序具有紧密的联系,可以将初查程序与立案程序合并,实现初查与立案程序功能的合一,保障两种程序都能发挥各自效果,同时将两种程序合并在原有立案程序的基础上实现初查的法定化,可以提高诉讼效率。因此,对公权力主体在初查阶段收集刑事电子数据的行为进行规制,需要确立初查程序的法定地位,以法定原则实现对国家公权力行使的规制。

二、明确初查程序中严格适用任意侦查手段的规定

刑事电子数据收集手段在本质上属于刑事侦查手段,即便是在初查程序中,作为侦查程序的前置程序,刑事电子数据收集与侦查手段具有相似之处,除不能采取强制侦查手段外,与侦查阶段刑事电子数据收集的手段几乎一样。域外国家和地区关于初查阶段电子数据收集手段的规定体现了任意侦查的精神,特别是在任意侦查与强制侦查制度发达的日本,初查阶段的证据收集坚持任意侦查的原则,禁止初查阶段适用强制侦查手段,只有在有法律规定的前提下才可以采取强制侦查手段。我国初查程序的改革应当坚持初查程序与立案程序的合并,并将初查程序中国家权力机关行使初查权的手段通过法律规定的形式进行规制。初查阶段刑事电子数据的收集作为初查工作的主要内容,应当有法律的明确规定,对收集手段的规定应当与侦查程序中的电子数据收集手段进行区分,特别应当明确初查阶段电子数据收集中任意性侦查的适用。我国刑事诉讼中电子数据收集手段的强制性程度的规定可以参照日本的立法例,但是我国应当严格限制初查程序可以进行强制侦查的例外法律规定,并且在目前的情况下可以采取完全禁止强制侦查的态度。

初查阶段电子数据收集应当采取任意性侦查手段。任意性侦查手段是在初查对象明示同意或者默示同意的情况下采取的侦查手段,采取任意性侦查手段的目的在于保障初查对象的基本权利不受任意干预。同时,强制性侦查手段在初查阶段的禁止也是限制国家公权力行使,实现初查程序正当性的方式。陈光中先生在刑事诉讼法修改的建议稿中就明确提出,在对犯罪嫌疑材料进行调查核实时,公安机关及检察机关可以采取必要的调查活动,但是不得采取干预个人合法权利

的调查措施，① 即明确了初查阶段禁止采取强制性措施的观点。刑事电子数据多涉及公民个人隐私以及通信自由等基本权利，初查阶段作为刑事诉讼程序启动前的阶段，在公民个人基本权利的干预程度方面应当设定较低的标准，不能将其与刑事侦查以及起诉、审判等程序中的强制性侦查手段同等适用。因此，我国初查阶段侦查机关收集刑事电子数据应当采取任意性侦查手段。

三、明确程序中电子数据收集的主体与对象

初查阶段电子数据收集程序主体已经在《网络犯罪若干问题意见》及《电子数据规定》等司法解释作出规定，可以说侦查机关在初查阶段收集刑事电子数据已经具有了合法依据。

第一，侦查机关初查阶段收集刑事电子数据与侦查阶段的证据收集行为可以进行衔接。初查阶段收集证据的行为在学者们提出的《刑事诉讼法》专家建议稿中就已经存在，其中，徐静村教授提出的是"初步调查"的观点，② 陈光中教授提出的是"必要的调查"的观点。③ 两位先生在研究刑事诉讼中的初查程序时，都对初查阶段的证据收集行为与侦查阶段的证据收集行为的衔接亮明了观点。电子数据作为证据的来源，在初查阶段也应当能够被收集用于将来与侦查阶段的刑事电子数据收集进行衔接。有学者提出初查程序应当具有法定的地位，初查程序是对侦查机关行为的控制。④ 对于该学者提出的明确初查程序的法律地位，笔者持赞成态度，但是对初查程序是限制侦查行为的观点持怀疑态度。虽然理想化的初查程序应当由侦查机关之外的部门负责，并且对是否应当立案进行审查，但这是英美法系国家权力制约机制下的状态，与我国当前司法实践以及司法环境并不契合。同时笔者对该学者"将初查限于任意性侦查脱离现行初查制度"的观点也不

---

① 陈光中主编：《中华人民共和国刑事诉讼法再修改专家建议稿与论证》，北京：中国法制出版社，2006 年，第 92 页。

② 徐静村主编：《中国刑事诉讼法（第二修正案）学者拟制稿及立法理由》，北京：法律出版社，2005 年，第 129-130 页。

③ 陈光中主编：《中华人民共和国刑事诉讼法再修改专家建议稿与论证》，北京：中国法制出版社，2006 年，第 92 页。

④ 卢乐云：《法治视域中的初查悖论及其消解》，《湖南大学学报（社会科学版）》2010 年第 1 期，第 132-133 页。

认同。任意性侦查措施的适用应当采用不侵犯公民个人隐私等基本权利的形式,特别是对于公民具有合理隐私期待的个人信息不得采取强制侦查。但任意性侦查措施的采用是否必须以初查对象的同意为条件,需要进行区分。在符合合理隐私期待标准的情况下,即便没有初查对象的明确同意,也应当允许初查。初查阶段刑事电子数据的收集也应当是以保障人权和打击犯罪为目的,在不侵犯公民合理隐私期待的前提下,可以通过初查为刑事侦查奠定基础,实现两阶段的衔接。

第二,侦查机关初查阶段收集刑事电子数据具有先天条件。初查阶段由侦查机关收集电子数据具有先天的优势,这种优势既体现在技术的熟练程度方面,也体现在侦查机关工作人员的业务素质方面。首先,侦查机关具有收集刑事电子数据的特定技术。刑事电子数据的收集具有特殊性,体现在收集手段、设备使用等方面,侦查机关在进行案件侦查时能够运用相关设备收集电子数据,比如从网页上收集大量的电子数据、从道路监控的大量视频中获取有效信息等。待初查程序为立法吸收之后,初查阶段获取的电子数据可以作为侦查机关深入侦查的基础,与 2012 年《刑事诉讼法》对此前证据相关内容的修改产生相同的效果,即通过扩充侦查手段的方式,"扩充控方证据类型和分量,有利于控制犯罪目标的实现"。[1] 其次,侦查机关工作人员的业务素质对初查阶段刑事电子数据的收集具有促进作用。刑事电子数据收集需要收集主体具备收集电子数据的条件,特别是在电信诈骗等犯罪案件中,侦查机关收到案件线索之后,会采取查阅银行转账日志等行为了解案件发生的基本情况,并且还会采取电子定位技术等对犯罪嫌疑人使用的手机、固定电话等进行定位。[2] 如果由侦查机关以外的主体在初查阶段收集电子数据,无法满足业务素质条件的要求。

第三,侦查机关初查阶段收集刑事电子数据并非必然导致初查权的不受限制。由侦查机关行使初查权可能会引发权力行使不受限制的怀疑,并且基于初查程序收集电子数据为侦查阶段奠定基础及当前"不破不立"现状的担忧,初查阶段由侦查机关行使收集电子数据权力的正当性引发怀疑。由侦查机关在初查阶段收集电子数据除具有前文侦查机关的内在因素外,还存在外在因素的制约。一

---

① 刘梅湘:《侦查程序改革评析》,《中国审判》2012 年第 4 期,第 41 页。

② 曹晓宝:《电信网络诈骗案件的取证策略与证据体系构建》,《中国刑警学院学报》2018 年第 2 期,第 29-31 页。

方面,检察机关的法律监督权对侦查机关行使初查权具有制约作用。检察机关是我国的法律监督机关,法律监督权是其最为核心的权力,特别是在 2018 年《刑事诉讼法》修改之后,检察机关在侦查权方面的削弱以及对公安机关、监察机关以及人民法院的监督的强化更是表明法律监督权在检察机关权力体系中的地位。初查阶段由侦查机关收集电子数据应当受到检察机关的监督,保障侦查机关依法收集证据。另一方面,严格的证据规则对初查阶段刑事电子数据的收集具有制约作用。证据规则对侦查机关收集电子数据行为的规制是保障其依法行使侦查权的有效方式,特别是非法证据排除规则的规定对于倒逼侦查机关依法取证具有关键作用。最后一方面,初查程序的法律规制可以制约初查权力的行使。初查程序应当成为刑事诉讼程序的重要组成部分,既是由初查程序在司法实践中已经确立的地位决定的,也是初查程序入法制约国家公权力的要求。初查程序入法之后,侦查机关在初查阶段收集刑事电子数据的行为将由专门的法律程序作出规定,为侦查机关在初查阶段收集刑事电子数据设定边界。

同时,初查对象应当有人员范围的限制,初查阶段刑事电子数据的收集对象应当是有充分事由证明可能持有与犯罪事实有关的电子数据的人。虽然初查阶段的刑事电子数据收集采取任意性侦查手段,但是由于侦查机关收集电子数据行为具有侵犯个人隐私的可能性,开始对初查对象采取收集刑事电子数据的行为之前,应当由检察机关签发初查许可令,检察机关应当对初查许可令的内容进行审查。对于只有初查对象本人持有的电子数据,在提取之前需要初查人员告知初查对象,初查阶段收集刑事电子数据应当由两名以上的侦查人员进行,收集电子数据时应当持检察机关签发的初查许可令。对于可以在公共场合或者公共网络上获取的电子数据,需要进行初查的,由检察机关签发初查许可令之后,直接由两名工作人员向数据的持有者收集,无需通知犯罪嫌疑人、被害人等。初查对象也应当有范围的限制,初查阶段电子数据收集应当针对可能持有与案件事实有关的电子数据的人实施。

第六节　初查阶段违法收集刑事电子数据的处理

侦查机关在初查阶段违法收集刑事电子数据应当承担相应的法律后果,特别是对公民个人基本权利造成严重侵犯的应当进行追责。在程序性惩罚方面，初查阶段通过违法手段收集的刑事电子数据提交给立案庭之后，不得作为立案的根据。在实体性惩罚方面，侦查人员初查阶段收集刑事电子数据的行为严重泄漏公民个人信息等，构成犯罪的应当承担刑事责任；侦查人员的行为虽然不构成犯罪，但是严重违反公务员职责的或者构成违法的，可以对其采取相应惩罚措施。

一、初查机关违法收集刑事电子数据应当承担程序性法律后果

通过强制性手段获取的刑事电子数据属于排除的对象，既是对程序独立性的肯定，也是预防侦查机关在初查阶段追求立案效果而违法初查的方式。程序性法律后果是 20 世纪部分学者提出的观点，并且在近十年以来得到多数学者的回应。① 非法证据排除规则属于程序性法律后果的形式，在近几年的刑事诉讼法学研究中占据了重要地位。初查阶段违法收集刑事电子数据的应当承担相应的程序性法律后果，不仅包括通过违法手段收集刑事电子数据的行为，也包括采取强制侦查手段收集刑事电子数据以及采取任意侦查手段收集电子数据但给初查对象带来严重后果的行为。初查阶段的程序性法律后果应当包括：首先，立案时排除以违法手段收集的刑事电子数据；其次，侦查机关将违法收集的刑事电子数据予以删除，避免造成不利影响。之所以将违法收集的刑事电子数据直接予以排除，是基于以下考虑。一是我国目前的非法证据排除规则并不彻底，导致侦查机关收集实物证据时存有侥幸心理，为彻底斩断违法收集电子数据特别是初查阶段违法收集电子数据的行为，应当采取全面排除的原则。二是刑事电子数据具有特殊性，部分刑事电子数据涉及个人隐私，如果初查阶段采取强制手段收集涉及个人隐私的电子数据，将会对个人基本权利造成损害。同时，电子数据在互联网媒介上传播的速度非常快，一旦通过非法手段获取与案件无关并涉及初查对象个人隐私的电子数据，存在泄露并被传播的危险。

二、初查机关违法收集刑事电子数据应当承担实体性法律后果

初查阶段采取违法手段收集刑事电子数据除需要承担程序性法律后果之外，对采取违法手段或者强制手段收集电子数据的工作人员及部门应当科处相应的

---

① 王敏远教授提出了"程序性法律后果"的概念，陈瑞华教授提出了"程序性制裁"的概念，并且陈永生、李昌盛等教授在近十年的论文中涉及程序性制裁的内容。

实体责任。此处的实体责任包括民事责任、行政责任以及刑事责任。首先,公权力机关初查阶段违法收集刑事电子数据给初查对象造成的损害构成泄露信息等刑事犯罪的,应当依法追究初查人员的刑事责任。同时对初查对象造成物质损失的应当承担赔偿损失的民事责任,如果给初查对象的名誉造成损害,初查对象可以要求初查人员承担精神损害赔偿。其次,初查人员的违法初查行为不构成刑事责任但是违反公务员职责规定或者违反行政法规的,应当追究初查机关工作人员的行政责任,根据情节轻重科处警告直至开除公职的处分。如果因初查机关和初查人员的行为不当给初查对象造成物质损失的,行政机关应当承担相应的国家赔偿。对公民个人隐私造成严重侵犯并对初查对象造成严重名誉损害的,应当承担相应的民事责任。最后,初查人员违法收集刑事电子数据行为达到刑罚处罚和行政追究的程度的,根据初查对象受到的损失,科处初查人员承担相应的民事责任。

三、初查机关违法收集刑事电子数据的应当进行程序救济

初查机关违法收集刑事电子数据的程序救济包括两个方面的内容。首先,对初查对象受到伤害的救济。初查阶段采用违法手段收集电子数据属于严重侵犯初查对象基本权利的行为,特别是初查机关采取强制侦查手段收集刑事电子数据的侵犯性更严重。因此需要对侵犯初查对象基本权利的收集行为造成的后果及时进行救济。一是采取侵犯个人基本权利的手段取得的电子数据应当及时销毁,避免给初查对象造成进一步的损害;二是通过违法手段取得的电子数据被泄露的,应当及时采取止损措施,将对初查对象造成的损害降到最低;三是已经将违法收集的电子数据作为立案的材料来源甚至作为起诉或者审判证据的,应当排除非法手段取得的电子数据并重新启动程序。其次,对刑事诉讼进程造成损害的救济。初查机关违法收集刑事电子数据不仅给初查对象造成损害,同时还对刑事诉讼的进程造成损害,特别是因排除关键电子数据会给刑事诉讼程序的启动与运行造成严重阻碍。在排除关键电子数据之后,初查机关或者侦查机关应当及时补充收集电子数据,争取在最短的时间内找到对立案具有决定作用的电子数据。如果因为时间过久导致电子数据灭失的,在侦查阶段应当采取技术措施将电子数据恢复,但技术侦查措施的适用应当受到严格限制。对于可以从其他主体处收集刑事电子数据的,初查阶段无法采取强制侦查手段收集的,在符合立案条件的情况下可

以由侦查机关在侦查阶段采取强制措施收集。同时,初查阶段如果无法收集直接电子数据,可以采取任意手段收集间接电子数据,以此审查其是否达到立案标准。

第四章

侦查机关向网络经营者收集电子数据的程序检视与建构

刑事电子数据收集是随着科学技术的发展而在刑事诉讼领域兴起的重要证据类型。2016年《关于办理刑事案件收集提取和审查判断电子数据若干问题的规定》（以下简称《电子数据规定》）和2019年公安部出台的《公安机关办理刑事案件电子数据取证规则》都明确了刑事诉讼中电子数据的收集，并且明确了电子数据的扣押与保全、网络远程勘验、调取等手段。其中，侦查机关向网络经营者收集电子数据是电子数据收集的重要方式。

第一节　规制侦查机关向网络运营者收集电子数据的行为依据

侦查机关向网络经营者收集电子数据属于刑事侦查的重要方式，对于发现案件事实、实现打击犯罪的目的具有重要价值。但是权力的行使应当有边界，侦查机关向网络经营者收集电子数据的权力也应当受到程序规制。这既与当前网络安全在社会发展中的作用具有密切关系，也与个人信息保护以及技术侦查的法定性具有重要关系。

第一，网络安全在社会发展中日益受到重视。随着科学技术的不断发展，社会传播媒介也发生了重大变化，传统传播媒介正被网络传媒等新媒体超越。在网络传媒的迅猛发展中，伴随的隐患也逐渐浮出水面，网络安全问题在网络传播中逐渐引起人们的关注。以电信诈骗犯罪为例，目前电信诈骗犯罪的形式不仅包括电话、短信等,还包括利用计算机网络实施骗取他人财物的行为,利用网络技术破解他人网银密码的行为在现实生活中也层出不穷。再以危害国家安全犯罪为例,美国"棱镜门"事件反映了网络窃听在国家安全保障方面的威胁,对国家安全具有重大威胁。特别是2014年之后,美国、欧盟、日本等国纷纷进行网络安全立法,呈现出强化政府管制权力的趋势,我国《网络安全法》在这样的潮流下应运而生。① 可见网络安全在当前社会发展中占据着越来越重要的地位。

第二,信息技术的发展亟待实现对个人信息的保护。信息技术的发展带动了社会的进步,加快了人类前进的步伐,但同时也带来了不可避免的麻烦。个人隐私保护问题是信息技术发展过程中对网络安全造成的威胁:一方面,由于网络犯罪猖獗,获取个人信息在当前社会条件下已经不再是难事,这对个人信息的侵犯甚至群体利益的损害造成非常严重的后果;另一方面,国家公权力机关基于打击犯罪的目的采取技术侦查等措施,其中对通讯数据的截取是对个人信息披露的最大侵犯。国家公权力机关无法直接获取通讯数据时,通过公权力要求网络运营者提供通讯数据,具有侵犯个人隐私的嫌疑。科学技术的发展给我们的生活带来便利的同时,也为违法犯罪提供了新的技术与手段,对网络安全造成了威胁,网络安全立法势在必行。② 因此,科学技术的发展促使立法机关加快保护公民个人网络信息自由和数据安全的立法进程。③

第三,电子数据与技术侦查措施的法定性需要规范电子数据收集程序。侦查机关针对特殊案件采取技术侦查措施是我国刑事诉讼法明确规定的内容,技术侦查措施在我国具有法律依据和正当性。针对计算机犯罪及网络犯罪案件,传统侦查方式已经力不从心,技术侦查措施特别是通讯数据截取措施具有发挥作用的空间。2012年《刑事诉讼法》紧跟社会发展步伐,在"证据的种类"中增加了"电子数据"这一类证据,扩大了我国法定证据种类的范围。同时,《刑事诉讼法》专章规定了技术侦查措施,使技术侦查在我国刑事诉讼中具有了法律依据。④《网络安

① 龙卫球:《我国网络安全管制的基础、架构与限定问题——兼论我国《网络安全法》的正当化基础和适用界限》,《暨南学报(哲学社会科学版)》2017年第5期,第3-4页。

② 刘浩阳等主编:《电子数据取证》,北京:清华大学出版社,2015年,第1页。

③ 郭华:《侦查犯罪侵入他人网络的法律规制——〈网络安全法〉第二十七、二十八条的展开》,《社会治理》2017年第4期,第14页。

④ 王玉薇:《大数据背景下电子数据的审查与认定》,《中国司法鉴定》2017年第6期,第12页。

全法》的出台是对侦查机关获取电子数据的进一步规定,通过规定网络运营者的协助义务,对完善侦查机关收集电子数据程序、规范侦查机关获取通讯数据具有重要价值。目前《刑事诉讼法》对电子数据和技术侦查措施的规定处于起步阶段,对侦查机关获取通讯数据的行为缺乏明确的程序性规定。虽然《最高人民法院关于适用〈中华人民共和国刑事诉讼法〉的解释》第 110 条规定了对电子数据的审查,但仍存在不足。因此,我国电子数据收集程序需要有法律的明确规定,实现电子数据收集的法定化,保障侦查机关依照法定程序获取通讯数据,依法收集电子数据。

第二节　侦查机关向网络经营者收集电子数据的现状考察

侦查机关向网络经营者收集电子数据既属于侦查权力的行使,也涉及网络运营者协助义务的内容。目前学界对侦查机关向网络运营者收集电子数据的研究集中在网络经营者的协助义务方面。《网络安全法》第 28 条及最高人民法院出台的相关司法解释对侦查机关向网络经营者收集电子数据问题了做出了规定,但总体上规定不明朗,具有细化规定的空间。

一、电子数据收集中网络运营者向侦查机关提供协助的研究现状

目前关于网络运营者协助义务的研究,在理论界已经展开,但没有深入,绝大多数研究集中在网络运营者的义务方面,对其在侦查过程中就通讯数据截取或者电子数据收集问题而向侦查机关提供协助的研究非常少见。目前对电子数据收集中网络运营者协助侦查机关侦查的研究主要体现在以下方面。

第一,从证据方面研究网络运营者的协助义务。在证据的审查与判断过程中,如果存在证据之间相互印证具有困难的情形,可以考虑通过网络运营者或者网络服务商提供电子数据的方式实现电子资料的相互印证。[1] 由于电子数据存在容易被篡改的特点,对传输中的电子文件可以由网络服务商等独立的第三方储存,记录电子文件的收发和提取,并将这些信息提供给法院或者仲裁

---

① 杨晓晶、荣伟生:《电子数据的法律认定》,《人民检察》2001 年第 12 期,第 52 页。

机构。① 虽然,该学者并没有区分刑事诉讼还是民事诉讼,但是网络运营者的协助义务应当是向法院和侦查机关提供数据信息。由于网络运营商在通讯信息的传递过程中以及传递过后的特定时间内保存电子数据,因此,其应当在网络犯罪侦查中向侦查机关提供协助。不论是存储于计算机中的数据还是处于传输过程中的数据,在侦查机关提供令状的前提下,网络运营者应当提供协助义务。②

第二,从侦查角度研究网络运营者的协助义务。对电子数据的勘验不仅包括处于勘验现场的计算机,同时还包括处于传输状态的第三方计算机以及网络,因此,网络运营者作为第三方主体,在勘验过程中负有协助义务。"在实践中,网络服务商作为案件调查的配合者往往是由其向调查人员提供相应的证据,而不是由调查人员独立进行",并且,由于受到商业秘密及商业活动正常运行的限制,网络运营者可能不会及时提供协助义务,因此,法律可以赋予侦查人员强制网络运营者披露通讯数据信息的权力。③ 从勘验的角度讲,侦查机关勘验计算机属于侦查环节,侦查机关可以在符合程序性条件的情况下强制侦查,但是仅仅因为网络运营者的不诚实提供数据而强制侦查似乎不妥。网络运营者保留数据并向侦查机关披露资料时,如果有执法机关的强制要求,应当向其提供相关数据,并且在未接到执行机关的通知时不得随意删除存储的数据。④

第三,从刑事责任的角度研究网络运营者的协助义务。网络运营者的协助义务应当受到法律规制,网络服务商放任违法犯罪活动的,应当规定相应的刑事责任。⑤ 此外,还有的学者也是从该角度研究了网络运营者的刑事责任,并且对网络运营者不作为刑事责任的边界做出了界定。⑥ 网络服务者负有管理义务,对其提

① 汤叶霞:《电子数据的相关法律问题》,《网络法律评论》2001 年卷,第 37 页。

② 蔡巍:《网络犯罪侦查中的技术协助》,《法学杂志》2007 年第 6 期,第 93-95 页。

③ 梁坤、刘品新:《论计算机现场勘验的法律规制》,《山东警察学院学报》2009 年第 5 期,第 87-88 页。

④ 马晓明、郝文江、余乐:《网络服务提供商的社会责任研究》,《全国计算机安全学术交流会论文集》2010 年第 25 卷,第 413 页。

⑤ 李源粒:《网络安全与平台服务商的刑事责任》,《法学论坛》2014 年第 6 期,第 27-29 页。

⑥ 葛立刚:《网络服务商不作为刑事责任的界限》,《西南政法大学学报》2016 年第 6 期,第 37 页。周光权:《网络服务商的刑事责任范围》,《中国法律评论》2015 年第 2 期,第 44 页。

供的网络服务平台上出现的违法犯罪行为负有及时制止的义务,根据网络服务者提供服务类型的不同,网络服务者的刑事责任范围也存在差异。[①] 笔者认为,刑事责任的规定不应当仅针对网络运营者的放任违法行为,对于故意、随意向侦查机关提供通讯数据信息的,也应当规定相应的刑事责任。新西兰《2003 年电讯截收法》规定,情报部门或警察有权要求网络服务商提供用户的网络地址、登录密码等个人信息,否则将承担刑事责任。欧盟《信息数据监管指引规则》也规定网络服务提供商向情报部门提供其储存的各类电子数据信息。但是,收集、存储和使用信息应当坚持透明性原则,并且刑事执法机关调取信息时,情报部门或者警察必须坚持调取信息的司法审查,同时网络服务商负有向用户告知信息处理程序的义务。[②]

根据当前关于侦查机关向网络经营者收集电子数据的研究现状发现,在电子数据与其他证据的印证、电子数据的勘验等方面已经存在典型的研究成果。同时,通过规定网络经营者的刑事责任,为规范网络经营者的协助义务提供了方向,但并未体现出对侦查机关收集电子数据行为的规制。因此,一方面,理论界关于电子数据收集的程序性研究成果较少,并没有对侦查机关向网络经营者收集电子数据遵循何种程序进行深入研究。另一方面,对侦查机关收集电子数据的限权研究不足。电子数据收集既应当包括通过强制性侦查手段实现,也应当包括通过任意性侦查手段实现,通过这两种手段实现电子数据收集应当有程序的规定,避免侦查机关收集电子数据权力的不受限制。

二、侦查机关向网络经营者收集电子数据程序规定的立法现状

《网络安全法》等网络安全规制法律的出台,使我国对网络安全领域行为的规制有了法律的明文规定,为维护我国网络领域安全提供了法律依据。《电子数据规定》对电子数据的收集也做出了相应规定,为侦查机关收集电子数据提供了法律依据。虽然《网络安全法》与《电子数据规定》等法律的出台为规制网络安全、保护个人信息提供了充分的法律依据,但目前的法律规定还是存在不明确的

---

① 涂龙科:《网络内容管理义务与网络服务提供者的刑事责任》,《法学评论》2016 年第 3 期,第 68-69 页。

② 谢杰:《欧盟信息网络监管立法经验解析》,《信息网络安全》2010 年第 9 期,第 67-68 页。

地方,下文主要是对现有立法的不足进行阐述。

第一,申请书的审查存在问题。令状的签发是侦查程序的重要环节,在美国等司法令状制度发达的国家,令状的签发由独立的司法官员执行。[1]我国刑事侦查环节也存在文书的签发问题,虽然不是由中立的司法机关签发,但我国也存在类似于令状签发的制度,只是我国侦查文书的签发与国外司法审查存在差异。《网络安全法》第28条规定,"网络运营者应当为公安机关、国家安全机关依法维护国家安全和侦查犯罪的活动提供技术支持和协助"。但是,并没有明确规定具体的协助程序,也没有规定侦查机关和国家安全机关要求网络运营者提供协助时应当遵循何种程序,协助时是否需要侦查机关提出申请,申请书如何签发等问题。同时,《电子数据规定》对侦查机关收集提取电子数据问题做出了规定,并且在第3条指出,公检法机关有权向有关单位和个人收集、调取电子数据,有关单位和个人应当如实提供。但是,该解释同样存在程序规定不明的问题,也没有提及是否需要提出申请,更不用说申请书如何签发。虽然该规定第11条规定了冻结电子数据时需要公安机关负责人或者检察长批准,但是这种由本机关负责人审批的形式是否可行仍值得怀疑。2019年《公安机关办理刑事案件电子数据取证规则》对调取电子数据的固定也只是规定了本机关负责人的审批,对调取电子数据的事后监督等问题没有做出规定。

第二,侦查机关向网络运营者收集电子数据程序规定不完善。网络运营者向侦查机关提供协助义务是侦查机关顺利破获案件的重要途径,《网络安全法》第28条规定的协助义务包括技术支持和协助,但并未体现比例原则,是所有侦查机关和国家安全机关要求提供协助或者技术支持的案件都提供帮助,还是仅对部分案件向其提供帮助并没有做出明确规定。此外,对于提供协助义务是否需要进行正当性审查、由谁审查、协助义务的启动程序由谁实施都是需要解决的问题。《电子数据规定》明确了电子数据的收集与提取程序,但是,向网络运营者提取电子数据的规定非常笼统,对向网络运营者收集电子数据的案件范围等重要内容并没有明确体现,《公安机关办理刑事案件电子数据取证规则》也存在类似问题。在国外,向第三人收集电子数据或者获取通讯数据都有案件范围的限制,不能对所有

案件都采用此种方式。同时,对协助期限、程序的启动等问题也欠缺规定,需要进一步明确。

第三,网络运营者的协助义务规定模糊。虽然《网络安全法》第28条规定了网络运营者的技术帮助和支持义务,但是这样的规定还是不明确,并且网络运营者的协助义务不应当仅仅体现在技术层面的帮助,在必要情况下还应当涉及有关案件侦查的实质性内容。域外国家针对网络安全领域以及刑事侦查中通讯数据获取的立法,规定了特定的案件适用范围,网络运营者或者网络服务商在该案件范围内都负有向侦查机关提供网络数据协助的义务。《电子数据规定》第13条也规定了电子数据持有人、网络服务提供者或者相关部门有义务向侦查机关提供电子数据的相关信息。但是,该解释并没有明确电子数据取证的强制侦查与任意侦查,也没有对初查及电子数据问题进行规制,有导致初查阶段进行强制侦查的可能。[1] 因此,两部法规关于网络运营者的协助义务规定过于狭窄,应当将协助的范围扩大。但是,对网络运营者协助范围的扩大并非扩充侦查机关要求网络运营者提供协助的权力,侦查机关要求网络运营者提供协助还应当受到适用原则、案件范围等限制。

第三节　域外电子数据收集中网络运营者的协助义务

网络运营者是侦查机关获取电子数据的来源之一,在电子数据收集程序中发挥着重要作用。关于网络运营者的协助义务,域外很多国家和地区对此进行了规定,这些规定对我国具有重要借鉴价值。

德国《刑事诉讼法典》第98a条和第100j条规定了数据存储部门的协助义务。首先,数据存储部门提供协助义务受到重罪原则的限制。有足够的事实表明,犯罪嫌疑人实施了以下重大犯罪时,侦查机关有权向数据存储部门收集通讯数据,以便排除无嫌疑人员或确定具有与侦查相关重要特征的人;具体包括涉及麻醉物品、武器非法交易、伪造货币和有价证券,涉及国家安全,涉及给公众造成危险,涉及危害人身、生命、性自主权以及人身自由,职业性或常业性或者以其他有组织

---

① 龙宗智:《寻求有效取证和保证权利的平衡——评"两高一部"电子数据证据规定》,《法学》2016年第1期,第7—13页。

的方式实施犯罪。① 其次，侦查机关向网络经营者收集的电子数据不得作为其他
用途。为实现前述目的，数据存储部门应当从数据库中调出比对所需数据并传送
给刑事追诉机构，但这些数据不允许被用作其他目的。依检察院要求，数据存储
部门应当支持进行比对部门的工作。如果对案件或者犯罪嫌疑人所在地的调查
是必要的，可以依据《电信法》第 95 条和第 111 条的规定，要求提供或者参与提
供电信服务的人员提供因提取数据而获得的信息，也可以依据某一时间段内所被
分配的 IP 地址要求提供或者参与提供电信服务的人员提供上述内容。对于上述
要求，提供或者参与提供电信服务的人员，应当毫不迟延地提供信息传送所需数
据。②

　　法国《刑事诉讼法典》对网络运营人员的协助义务做出了规定。首先，预审
法官委派的司法警察有权要求相关人员提供协助。为了安装截收通信的设备，预
审法官或其委派的司法警察，可以要求受电讯部长领导或监督的部门或组织中的
任何有资质的工作人员或者需经批准才能开展经营通信业务的电讯网或电讯服
务部门的任何有资质的工作人员给予协助。③ 此外，在截取信息化数据或资料的
规定中，法典还规定了相关部门在安装技术设备或装置时提供帮助的义务。其次，
为了安装截取信息化数据或资料的技术设备或装置，预审法官或者受其委派的司
法警察可以要求受内政部或国防部领导或监督的某一部门、单位或组织的任何有
资格的工作人员给予帮助，这些部门、单位或组织的名单由法令具体确定。④

　　美国关于电信运营商协助义务的规定主要集中在专门性的法律文件中。《爱
国者法案》作出了政府向网络运营者获取相关信息的规定，政府签发令状之后，有
权要求网络运营者提供用户姓名、住址、电话账单记录、电话号码、服务时长、通话

① 《世界各国刑事诉讼法》编委会编：《世界各国刑事诉讼法（欧洲卷（上））》，北京：中国检察
　　出版社，2016 年，第 262 页。

② 《世界各国刑事诉讼法》编委会编：《世界各国刑事诉讼法（欧洲卷（上））》，北京：中国检察
　　出版社，2016 年，第 268 页。

③ 《世界各国刑事诉讼法》编委会编：《世界各国刑事诉讼法（欧洲卷（上））》，北京：中国检察
　　出版社，2016 年，第 580 页。

④ 陈卫东：《刑事立案与侦查－外国刑事诉讼法有关规定（下）》，北京：中国检察出版社，2017
　　年，第 598 页。

次数和时间、使用的服务类型、通讯设备的地址、银行账户以及信用卡号等内容。①《电子通讯隐私法》通过授予权利的方式实现了网络服务提供者向侦查机关披露通讯数据的目的。特别是无令状的截取中，网络服务者基于保护自身财产权利的目的，可以披露通讯数据。网络运营者基于善意取得的通讯数据，如果该数据属于特定犯罪的通讯，网络运营者可以将该信息披露给执法人员。②

英国关于通讯数据截取问题的立法比较全面，自《1985年通讯拦截法》颁布以来，英国出台多部规制侦查机关截取通讯数据的法律。在这些法律中也涉及网络运营者在侦查机关截取通讯数据中的协助义务。《2015年英国侦查权力法案草案》前言部分，对通讯数据截取中的通讯服务提供者的义务进行了说明。在英国，侦查权力的行使严重依赖于英国海内外通讯服务提供商的协助，通讯数据截取通常需要网络服务提供商提供使用通讯服务的通讯数据或者通过服务设备发送的通讯数据。在设备截取中，为使设备干扰令状得到贯彻，网络服务提供商需要提供协助，以便侦查机关顺利接触犯罪嫌疑人的设备。③《2016年英国侦查权力法案》也多处规定了网络运营商的协助义务，此处的网络运营商包括公共邮政运营商和电信运营商。网络运营商应当根据令状的要求提供协助，向侦查机关提供或者披露通讯数据，但是网络运营商的披露应当持比例原则，减少对相关人员权益的侵害。④

日本《刑事诉讼法》对第三人的协助义务进行了分散性规定。首先，网络运营商协助搜查电子邮件的义务。第100条规定，法院可以查封由办理通信事务的官署或者其他人保管或者持有的由被告人发出或寄交给被告人的邮件或有关电讯文书，或者使以上官署或人员交出该邮件或文书。对于由办理通讯事务的官署或者其他人保管或者持有的其他邮件或者电讯文书，在认为与被告人具有关联时，可以查封邮件或者电讯文书，也可以命令上述保管或者持有邮件或文书的人

---

① 陈卫东：《刑事证据问题研究》，北京：中国人民大学出版社，2016年，第215页。

② 艾明：《新型监控侦查措施法律规制研究》，北京：法律出版社，2013年，第130-138页。

③ See Draft Investigatory Powers Bill, Key Issues: Obligations on Communications Service Providers, 29.

④ See Investigatory Powers Act 2016, Part2, 43.

员交出邮件或者文书。其次,网络运营者协助检察官、司法警察侦查案件的义务。[①]
第 197 条第 3 款规定"检察官、检察事务官或者司法警察职员,为实施查封或者附
记录命令查封而有必要时,对从事用于他人通信的电子通信设备的经营者,或者
因自身业务需要安装电子通信设备并用于不特定对象或多人互通情报的安装者
提出书面要求,特别指定其业务记录中电子通信的发信方、收信方、通信时间及其
他通信记录的必要内容在不超过 30 日的期间内不得删除。在此场合,如果认为
没有必要继续对该电子记录予以查封或者附记录命令查封,应当取消该要求。"此
处的协助义务主要是保管通讯数据信息的义务,网络运营者对电子通讯记录的必
要内容应当进行不超过 30 日的保留。该保留期限在特别有必要的情况下可以延
长,但最多不得超过 60 日。[②] 最后,《犯罪侦查监听通讯法》中对网络运营者的协
助义务作出规定。检察事务官或司法警察可以在截取通讯数据时,要求通讯营业
者连接用于监听的机器,或者提供其他协助。在实施监听过程中,检察官或者司
法警察可以不另行签发令状即可在实施监听的场所探知通讯对方的电话号码,并
可以要求网络运营商提供协助。

　　从域外国家对侦查机关向网络运营者收集电子数据的程序规制来看,主要内
容体现在以下几个方面。首先,启动的原则上采取了重罪原则及必要性原则。德
国数据存储部门的协助义务规定中有关于案件范围的限制,而这些犯罪行为多为
严重犯罪,体现了重罪原则。[③] 日本等国的规定则体现了必要性原则,只有在有必
要采取该类措施时,侦查机关才可以向网络运营者收集电子数据。其次,在程序
的启动上,多数国家规定了程序的启动由负责侦查的机关或者其工作人员提出,
要求网络运营者提供电子数据;或者由司法审查机关批准之后再由网络经营者提

①《世界各国刑事诉讼法》编委会编:《世界各国刑事诉讼法(亚洲卷)》,北京:中国检察出版
　社,2016 年,第 328 页。

② 陈卫东:《刑事立案与侦查——外国刑事诉讼法有关规定(上)》,北京:中国检察出版社,
　2017 年,第 78 页。

③ 日本仅针对药物犯罪、涉枪犯罪、有关集团的偷渡犯罪以及有组织的杀人犯罪采取监听(田
　口守一:《刑事诉讼法》,张凌、于秀峰译,北京:中国政法大学出版社,2010 年,第 84 页);法
　国《刑事诉讼法》第 100 条规定了法定刑为 2 年以上监禁刑的犯罪在满足必要性要求时,预
　审法官有权命令截取通信(陈卫东:《刑事立案与侦查——外国刑事诉讼法有关规定(下)》,
　北京:中国检察出版社,2017 年,第 598 页)。

供电子数据。最后,在案件范围方面,德国对此作出的规定最为具体,对于何种犯罪可以采取该项侦查措施,《德国刑事诉讼法典》有明确的规定。此外,英国虽然没有明确何种犯罪可以由侦查机关向网络经营者收集电子数据,但是其规定了重罪以及必要性原则,也体现了案件范围的限制。因此,从上述域外国家关于侦查机关向网络经营者的电子数据的规定可以看出,我国侦查机关向网络经营者收集电子数据的程序规制需要在必要性原则、程序启动、案件范围规定等方面努力。

第四节　域外侦查机关向网络经营者收集电子数据程序的比较及启示

域外国家和地区关于侦查机关向网络经营者收集电子数据的规定不仅赋予侦查机关在案件侦查中向网络经营者收集电子数据的权力,而且为侦查机关向网络经营者收集电子数据设定了边界。同时,不同国家和地区的规定各具特色,对我国侦查机关向网络经营者收集电子数据的程序规制具有重要借鉴价值。

首先,侦查机关向网络经营者收集电子数据应遵循相应基本原则。域外国家和地区对基本原则的重视体现了侦查机关向网络经营者收集电子数据的严肃性,特别是对重罪原则、比例原则以及法定原则的规定,都体现出各国在运用信息技术打击犯罪的同时注重对通讯数据截取相关人员基本人权的保护。其一,重罪原则。重罪原则的规定是对侦查机关向网络经营者收集电子数据的案件范围的限制,法国法律明确限定了电子监控的案件适用范围,该范围对侦查机关向网络经营者收集电子数据也有效,电子监控适用于有组织犯罪和恐怖活动犯罪等特殊类型的犯罪案件。此外,德国等国家的法律也规定了重罪原则。其二,必要性原则。对必要性原则作出规定的典型国家是英国,特别是 2016 年通过的《侦查权力法案》对必要性原则做出了明确的规定。英国采取通讯数据截取(包括向网络经营者收集电子数据)时,应当有进行截取的必要:为了维护国家安全的需要、为打击和预防严重犯罪的需要、为保障英国经济的良好运转以及为履行国际司法合作义务。其三,法定性原则。法定原则要求侦查机关向网络经营者收集电子数据时应当遵守法律的规定,不得出现违法收集电子数据的行为。美国的非法证据排除规则是法定原则的捍卫者,对以违反法律规定向网络经营者收集电子数据的行为,所获得证据的效力将因属于非法证据而被排除。

其次,网络经营者保留通讯数据信息有时间期限的限制。侦查机关向网络经营者收集电子数据的目的是保障侦查机关获取犯罪嫌疑人有罪的信息和线索,对已经确定有罪或者无罪的人的信息,侦查机关并没有永久保存的权力。特别是对于确定无罪的人的通讯数据信息,侦查机关需要在特定期限内予以删除,不得保留。侦查机关向网络经营者收集电子数据的保存期限包括两种类型:一是侦查机关从网络经营者处收集到证据后的保留期限;二是侦查机关要求网络经营者保留通讯数据的期限。对此,很多国家都进行了相应的规定。日本《刑事诉讼法》规定了网络经营者保存通讯数据的时间为 30 日,特殊情况下可以延长,但是不得超过 60 日。除前文介绍的国家外,丹麦、俄罗斯对此也有规定。丹麦对此规定的期限过长,网络经营者保存通讯数据的时间可以长达 1 年;俄罗斯也规定了侦查机关有权要求网络经营者在 6 个月内保存通讯数据。虽然对侦查阶段侦查机关自身保留通讯数据的时间没有进行规定,但是通常情况下会对侦查机关保留通讯数据规定相应的保密义务。虽然在域外国家侦查机关向网络经营者收集电子数据期限的规定长短不一,但是其共同的目的是为网络经营者保存通讯数据设定期限,减少对个人隐私的侵犯。因此,网络经营者保存通讯数据的时间应当受到限制,侦查机关侦查终结应当根据案件情况规定对通讯数据的处理:侦查终结不能认定犯罪嫌疑人有罪的,应当短期内将所获取的通讯数据删除;侦查终结或者经法院审判能够认定存在犯罪行为的,应当由有关机关根据保密义务处理相关数据。

最后,对于不需要继续获取通讯数据的,侦查机关应当停止向网络经营者收集电子数据。检察机关向网络经营者收集电子数据应当坚持必要性原则,同时还应当坚持法定性原则。域外国家关于侦查机关向网络经营者收集电子数据的规定表明,不需要继续获取通讯数据的,侦查机关应当停止向网络经营者收集电子数据,并且解除网络经营者提供电子数据的义务。日本《刑事诉讼法》关于"侦查机关认为没有必要继续对电子记录予以查封或者附记录命令查封的,应当取消该要求"的规定属于侦查机关停止向网络经营者收集电子数据的规定,也属于必要性原则在通讯数据获取规定中的体现。前文未详细介绍的俄罗斯《刑事诉讼法》第二十五章对通讯数据搜查、扣押的规定中也对该问题作出了规定,如果不再具备实施侦查行为的必要性,在侦查结束之前,应当根据侦查官的裁决予以终止。此外,英国等国家和地区的法律对此问题也进行了规定。域外国家和地区关于停止向网络经营者收集电子数据的规定属于对个人基本权利的保障,特别体现出对隐私权和通讯自由权的保障,符合世界各国在人工智能时代以及信息社会对个人隐私权和通讯自由权等基本人权的保障。

第五节　我国侦查机关向网络运营者收集电子数据的程序设计

权力的行使应当具有边界,侦查机关向网络运营者收集电子数据也应当受到程序的限制,不受限制的权力将会导致集权与专政。我国侦查机关向网络运营者收集证据的程序应当有程序法方面的规制以及实体法方面的惩罚后果,只有这样才能实现国家打击犯罪与保障人权的平衡与统一。

一、收集电子数据应当坚持的原则

侦查机关向第三人收集电子数据应当受到程序法的规制,在对侦查机关向第三人收集证据程序进行规制时,应当确立相应的原则,任何向第三人获取电子数据的行为都不得突破基本原则的限制。

第一,程序法定原则。程序法定原则是指公安司法机关行使职权追究犯罪、惩罚犯罪的程序等都只能由立法机关制定的法律明确规定,在刑事诉讼中应当由刑事诉讼法加以明确。[1] 程序法定原则是现代刑事诉讼必须遵循的原则,其不仅是刑事侦查程序应当遵循的原则,同时还是公诉和刑事审判等其他程序遵循的原则。在刑事诉讼领域,程序法定原则体现在两个方面:一方面,在立法上,刑事诉讼程序应当由立法者经国家立法程序明确设置和规定;另一方面,在司法上,立法机关通过立法程序确立的刑事诉讼程序应当得到司法机关及工作人员的普遍遵守。[2] 因此,程序法定原则应当是立法程序法定原则和司法程序法定原则的统一。

侦查机关向网络运营者收集电子数据也应当遵循程序法定原则。目前我国刑

---

① 谢佑平、万毅:《刑事诉讼法原则——程序正义的基石》,北京:法律出版社,2002年,第109页。
② 毛立新:《侦查法治研究》,北京:中国人民公安大学出版社,2008年,第82页。

事诉讼程序中关于侦查机关向网络运营者收集电子数据的程序规定得比较笼统。侦查机关采取此类措施侦查案件时无法依据具体的诉讼程序办事，导致向网络运营者收集电子数据时侵犯网络消费者的个人隐私，甚至有的情况下因获取的无关材料销毁不及时而给网络消费者造成严重伤害。侦查机关向网络运营者收集电子数据应当有明确的法律规定，包括案件适用范围、收集程序的启动、网络运营者的义务、不当获取的电子数据及个人信息的处置、违法收集电子数据的后果等内容。对此，笔者后文将对侦查机关向网络运营者收集电子数据的具体程序进行阐述。

第二，必要性原则。必要性原则是采取刑事强制措施时应当遵守的原则，该原则是指"强制性的侦查手段只能在迫不得已的情况下采用"。[①] 侦查机关向网络运营者收集电子数据应当是在迫不得已的情况下实施，如果存在其他相较于向网络运营者收集证据更弱的侦查措施可以实现侦查目的，则不得采用该项措施。侦查机关向网络运营者收集电子数据属于技术侦查措施，技术侦查具有严重侵犯公民个人隐私的可能，应当慎重采用。我国《刑事诉讼法》在规定技术侦查措施时明确指出，侦查机关"根据侦查犯罪的需要"采取技术侦查措施，说明我国技术侦查措施的适用坚持了必要性原则。

侦查机关向网络运营者收集电子数据应当受到必要性原则的限制。侦查机关向网络运营者收集电子证据主要是收集属于网络用户个人隐私或者基本个人情况的信息，网络运营者作为网络服务提供商有义务保证用户信息不被披露；侦查机关作为网络服务协议之外的第三人，也应当遵循保护网络通讯个人隐私或信息不受侵犯的规定。但是，网络犯罪的侦查同样属于维护国家安全的行为，在特定情形下，个人隐私保护具有例外，侦查机关有权向网络运营者调取电子数据就属于该种例外。侦查机关可以截取或者获取通讯数据已经成为很多国家个人隐私保护的例外，很多国家对侦查机关收集电子数据的手段进行了限制，并且部分国家还规定了重罪原则、穷尽其他侦查手段原则等。[②] 我国侦查机关向网络运营者收集电子数据既应当有侦查方式的限制，也应当有案件受理范围的限制。

① 刘梅湘：《侦查机关实施网络监控措施的程序法规制——以域外法的相关规定为参照》，《法商研究》2017 年第 1 期，第 179 页。

② 潘申明等著：《电子数据审查判断与司法应用》，北京：中国检察出版社，2017 年，第 28—40 页。

二、侦查机关向网络运营者收集电子数据的启动程序

侦查机关向网络运营者收集电子数据属于侦查程序的重要环节,因此,侦查机关向网络运营者收集电子数据应当设定启动程序,包括申请主体、审查主体、令状内容以及令状的签发、修改与撤销等内容。

第一,侦查机关申请启动向网络运营者收集电子数据的程序。向网络运营者收集电子数据属于侦查机关行使侦查权的范围,在程序法定原则的规制下,侦查机关应当向有关机关提交申请书申请启动收集程序。目前我国行使侦查权的机关包括公安机关、国家安全机关等专门机关,在向网络运营者收集电子数据的案件中,发现犯罪嫌疑人的犯罪事实需要网络运营者提供电子数据证明时,其有权在必要性原则和比例性原则的约束下启动电子数据收集程序。侦查机关收集电子数据应当由负责侦查工作的人员向本机关负责人提出收集电子数据的建议,侦查机关负责人组织本机关内部进行讨论。经讨论认为确实应当向网络运营者收集电子数据的,应当以本机关的名义向签发机关提出申请。签发批准收集电子数据的申请应当以侦查机关的名义提出,侦查人员本人无权决定申请签发令状。

第二,侦查机关申请启动向网络运营者收集电子数据的程序设计应当采取"两步走"的方式。最近侦查机关收集电子数据程序在英国经历了改革,本次改革在通讯数据截取令状的签发方面实现了历史性变化:由传统的行政专员审批令状转变为由行政专员和司法专员共同审批令状。虽然英国本次改革并没有完全确立通讯数据截取令状的司法审查制度,但已经是很大的进步。[①] 我国侦查机关向网络运营者收集电子数据的审批程序也应当进行改革,原有的机关内部行政审批已经饱受诟病,甚至因内部审批缺乏监督而造成冤错案件的发生。我国目前可以采取有限度的审查模式。第一步,在当前阶段由检察院审批公安机关等侦查机关的申请,由法院审批检察院提出的申请,但是,检察院应当定期向法院通告审批情况。第二步,待以审判为中心的诉讼制度完全建立,法院真正实现司法独立之后,再由法院统一收回启动向侦查机关收集电子数据的申请审批权。

第三,申请收集电子数据的申请书具体内容。申请书的签发是审批机关的重要权力,审查时首先需要审查申请书的内容。申请书必须载明提出申请的机关、网

---

① 英国 2016 年《侦查权力法案》规定了司法专员和行政专员进行审查的"双锁"机制,较之前由行政专员进行审查的模式具有很大进步,但并未贯彻中立的司法机关审查令状的精神。

络运营者的姓名(名称)与资质、收集电子数据的地点、收集电子数据的时间、向网络运营者收集电子数据的目的、参加电子数据收集工作的侦查人员的姓名及人数、犯罪嫌疑人的姓名、住址、涉嫌罪名、可能被判处的刑期、是否具有前科等内容。对于以特殊方式提出申请的,包括涉嫌犯罪的法定刑较轻但社会危害性严重的犯罪以及紧急情况下获取数据之后的补充申请,申请书除了包含上述列明的内容外还应当包括以下内容:对社会危害性较重但法定刑不高的犯罪,需要向网络运营者收集电子数据的,应当说明社会危害性严重的原因或表现;事后补充申请的,应当记载情况紧急的原因、向网络运营者收集电子数据的时间、不予批准的后果等。

第四,申请书的签发、修改以及撤销。审查机关需要对申请机关提起的向网络运营者收集电子数据的申请进行审查,这不仅要从形式上进行审查,而且还要从实质内容上进行审查。对符合案件范围、必要性原则、比例性原则的申请应当批准,并表明批准的理由;不批准的应当向申请机关提供理由。对于批准申请的,应当载明申请书的具体适用范围、针对的特定犯罪嫌疑人、持续的时间(通常情况下应当为 1 个月,不足的可以申请延长)。侦查机关在向网络运营者收集电子数据的过程中,发现有需要继续收集的其他理由的,可以继续向审批机关提出申请。对于原申请书记载的涉及电子数据的人或者网络终端或者地点发生变化的,可以向审批机关提出变更申请内容的请求。批准申请之后,审批机关还有义务对原申请进行跟踪审查,审批机关认为具有相当理由确信侦查机关向网络运营者收集电子数据已无必要或者已经不符合比例性原则,不需要继续向网络运营者获取电子数据的,应当主动终止原申请书的效力。

三、非法收集电子数据的后果

非法收集电子数据中的"非法"既包括侦查机关采取的收集程序的非法,也包括网络运营者非法向侦查机关提供电子数据。对于这两种不同的"非法"行为,在进行程序性规定时,应当明确相应的后果。

第一,对网络运营者的"非法"行为应当视情形予以民事与行政处罚或刑罚处罚。侦查机关向网络运营者收集电子数据属于侦查行为,同样也属于前文所述的网络运营者的协助义务。网络运营者履行协助义务应当在法律规定的范围内进行,对于违反法律规定向侦查机关提供电子数据的,应当承担相应的责任。对网络运营者非法行为的界定是解决本问题的一个重要节点,此处的"违法"应当以法律对侦查机关的规制为前提,如果网络运营者违反法律规定的案件范围、原则、期限等内容,或者故意或者重大过失泄露公民个人网络信息,则应当承担相应的民事责任、行政责任甚至刑事责任。对于违反法律规定向侦查机关提供电子数据,给网络消费者造成轻微伤害的,应当承担相应的民事责任,必要的情况下对随意泄露网络消费者信息的行为进行行政处罚;严重侵犯网络消费者的个人隐私与利益的,应当视情况对网络运营者定罪处罚。

第二,侦查机关的"非法"行为应当规定程序性法律后果。侦查机关作为破获案件的机关,对证据的收集具有执着的追求,因此,在向网络运营者收集电子数据的过程中出现违法收集电子数据的可能性非常大。美国针对非法收集电子数据的行为规定了证据排除规则,特别是针对不经授权进行的搜查行为获得的电子证据予以排除。①违法收集电子数据的,应当规定相应的惩罚后果,这类惩罚后果既包括程序性的法律后果,也包括实质性的法律后果。程序性法律后果是王敏远研究员提出的概念,"所谓程序性意义上的法律后果,是指违反诉讼程序的行为及其结果,在诉讼程序上不予认可,或予以撤销或应予否定或应予补充、修正的法律规定"。②因此,侦查机关违法向网络运营者收集电子数据的,应当根据具体情况对其违法行为予以修正、撤销。对未侵犯网络消费者实质性权益的违法行为应当进行补正,实现侦查机关收集电子数据的合法性;对侵犯网络消费者实质性权益的违法行为,应当将取得的电子数据排除,不得作为认定案件事实的证据。

第三,侦查机关"非法"获取电子数据的行为应当承担实体性法律后果。除程序性法律后果之外,侦查机关非法向网络运营者收集电子数据的,还应当承受实质性的惩罚。侦查机关非法向网络运营者收集电子数据的实体性惩罚包括两个方面:国家赔偿和对侦查人员的处分。国家赔偿是对被国家机关及其工作人员侵犯合法权益的人或组织就损害向国家提出的赔偿。在刑事诉讼中,国家赔偿称为刑事赔偿,行使侦查、检察、审判和监狱管理职权的机关及其工作人员在行使职权时,侵犯个人、法人或者其他组织合法权益并造成损害的,国家应当为此承担责

① Claire Powers, Surveillance Remedies: Stingrays and the Exclusionary Rule, 96 Or. L. Rev. 337 (2017), p349-350.

② 王敏远:《论违反刑事诉讼程序的程序性后果》,《中国法学》1994 年第 3 期,第 95 页。

任并加以赔偿。① 侦查机关非法向网络运营者收集电子数据的行为属于侦查行为,因该行为给公民个人、法人或者其他组织造成损害的,国家应当承担赔偿责任。对侦查人员的处分属于公务员法律法规规定的内容,对于采取违法行为向网络运营者收集电子数据,给网络消费者或网络运营者造成损害的,应当承担机关内部的处分。对侵犯网络消费者或网络运营者权益但没有造成严重后果的给予警告、记过处分;对侵犯网络消费者或网络运营者权益并造成严重后果的给予开除处分。

四、侦查机关非法获取电子数据行为的救济

非法获取电子数据通常会给网络消费者或网络运营者造成影响,对于造成的不利后果应当及时采取措施进行救济。对网络消费者或网络运营者的救济包括实体性的救济和程序性的救济。实体性救济就是上文所阐述的侦查机关非法收集证据的实体性法律后果,在此不再进行阐述。程序性的救济主要是指以停止侵害、销毁资料、发布公告澄清事实等形式要求侦查机关从事特定活动,使非法获取电子数据的侦查行为对网络消费者或网络运营者的侵害程度降至最低。

结　语

侦查机关向网络运营者收集电子数据属于刑事侦查的范畴,虽然向网络运营者收集电子数据早有学者提及,但多是对网络运营者的刑事责任等问题的探讨,并且主要涉及刑事实体法领域的内容,真正从刑事程序的角度研究该问题的成果非常少。《网络安全法》第 28 条以及《电子证据规定》的内容对网络运营者的协助义务做出了初步规定,但是,对于侦查机关向网络运营者收集电子数据的程序却缺乏细致的规定。侦查机关向网络运营者收集电子数据属于系统性研究课题,绝非通过只言片语就可以讲清楚。侦查机关向网络经营者收集电子数据的具体规制程序需要进行深入研究,不仅要从具体程序的构建入手,还需要对侦查机关的违法行为进行否定性评价,并寻求对违法调取行为产生的后果的救济。

---

① 陈光中:《刑事诉讼法(第五版)》,北京:北京大学出版社、高等教育出版社,2013 年,第 489 页。

第五章

非羁押强制措施问题研究
——以取保候审和监视居住为对象

强制措施是我国刑事诉讼法规定的保障犯罪嫌疑人、被告人到案接受审查的措施，是刑事诉讼中的重要组成部分，也是刑事诉讼法律体系中非常重要的组成部分。强制措施包括非羁押强制措施和羁押性强制措施两大类，我国刑事诉讼法中的强制措施由轻到重依次为拘传、取保候审、监视居住、拘留和逮捕。在这五种法定强制措施中，拘传、取保候审和监视居住是非羁押性强制措施，目的是通过限制犯罪嫌疑人、被告人的人身自由以保障刑事诉讼顺利进行，并不以剥夺犯罪嫌疑人、被告人的人身自由为主要目的。拘传是刑事诉讼中最轻的一种强制措施，在适用过程中存在的问题相对较少，取保候审和监视居住是严厉程度较强的限制人身自由的非羁押强制措施，在司法实践中存在的问题较多，因此，本章拟以取保候审和监视居住为研究对象进行非羁押强制措施的研究。

第一节　取保候审、监视居住的立法规定及评析

2012 年修改刑事诉讼法时，对我国的刑事诉讼强制措施进行了大规模的修改，特别是对取保候审、监视居住与逮捕作出的修改最多。将取保候审与监视居住分别规定也是此次修改刑事诉讼法的亮点之一。在刑事诉讼法对取保候审、监视居住等强制措施规定之后，最高人民法院、最高人民检察院以及公安部又各自出台相关文件，对强制措施进行了细化规定。

一、取保候审的法律规定及评析

作为重要的刑事诉讼强制措施之一,《刑事诉讼法》第 66～73 条,《六机关规定》第 13、14 条,《高法解释》第 147 条,第 150～159 条,第 162、164、166、464、515、554 条,《高检规则》第 86～106 条以及《公安部规定》第 81～108 条对取保候审进行了全面规定。可以说我国关于取保候审的规定非常全面、细致,但是,通过对刑事诉讼法条的分析发现,关于取保候审的规定中还存在不足,下面笔者对相关规定进行阐述。

《刑事诉讼法》第 67 条规定了取保候审的适用情形以及决定机关与执行机关。本条是在 1996 年《刑事诉讼法》的基础上进行了较大修改,同时也对取保候审和监视居住的规定作了区分,不再是之前混合规定的情况,明确了两种强制措施之间的区别,对于司法实践中的适用具有积极的作用。本条共规定了可以适用取保候审的四种情形,有的学者将此四种情形看作是适用取保候审的四项标准:第一,以刑度为标准,规定对轻微犯罪案件适用取保候审,即可能判处管制、拘役或者独立适用附加刑的犯罪嫌疑人和被告人可以适用取保候审;第二,以社会危险性为标准,对可能判处有期徒刑以上刑罚的犯罪嫌疑人、被告人在不具有发生社会危险性的情况下可以适用取保候审;第三,以特定适用对象为标准,对患有严重疾病、生活不能自理、怀孕或者正在哺乳自己婴儿的妇女在不具有社会危险性的情况下可以适用取保候审;第四,为避免超期羁押、程序违法等后果的出现,对羁押期限届满、案件尚未办结的犯罪嫌疑人、被告人,可以将逮捕变更为取保候审。[①]除《刑事诉讼法》的规定外,《高检规则》《公安部规定》都规定了取保候审禁止适用的情形:《高检规则》第 87 条禁止对严重危害社会治安的犯罪嫌疑人以及其他性质恶劣、情节严重的犯罪嫌疑人适用取保候审;《公安部规定》第 82 条禁止对累犯、犯罪集团的主犯、以自伤、自残办法逃避侦查的犯罪嫌疑人、严重暴力犯罪以及其他严重犯罪的犯罪嫌疑人适用取保候审,但是属于《刑事诉讼法》第 81 条第 1 款的第 3 项、第 4 项情形的除外。对修改后的取保候审制度,有的学者认为"区别取保候审与监视居住,体现出取保候审扩大适用的必然性"。[②]对取保候审与监视居住分开规定,避免了侦查机关适用强制措施的随意性,增强了取保候

---

① 陈卫东:《刑事诉讼法理解与适用》,北京:人民出版社,2012 年,第 138-139 页。

② 张剑峰:《论取保候审使用的基础及其完善》,《中国刑事法杂志》2013 年第 5 期,第 56 页。

审的存在价值。笔者认为,刑事诉讼法将取保候审与监视居住分别进行规定,是刑事诉讼发展的重要表现,也是人权保障理念在强制措施适用中的体现,具有积极的导向作用。在《刑事诉讼法》修改之后,取保候审的适用范围进一步扩大,对保障犯罪嫌疑人、被告人审前的自由权具有重要意义,但是,对扩大取保候审范围的后果问题,立法者可能没有做出预测,最明显的一个问题就是:对本来无罪的人适用取保候审后,对其造成的社会影响如何消除?这其实就涉及取保候审的性质的定位问题,如果将取保候审设定为犯罪嫌疑人、被告人的诉讼权利,那么在无罪的人作为犯罪嫌疑人被侦查时适用取保候审的,在确定没有实施犯罪行为后,对其不会造成大的影响;如果将取保候审作为犯罪嫌疑人、被告人的义务,则对无罪的犯罪嫌疑人、被告人将会造成很大的影响。目前,我国将取保候审视为犯罪嫌疑人、被告人的义务,由国家公权力进行干预,导致在对取保候审适用范围扩大的今天,对很多本来无罪的犯罪嫌疑人、被告人造成了负面影响。但是,在我国,取保候审又是一项强制措施,与英国的保释制度不同,英国的保释制度是被保释人的权利,对本来无罪的人保释之后并不会产生很大的负面影响。在我国,并不具有将取保候审作为犯罪嫌疑人、被告人权利的条件:一是公安司法机关及其工作人员具有将取保候审作为犯罪嫌疑人、被告人的义务的观念惯性;二是取保候审的语意重心在"候审",难于消除重权力轻权利的感情色彩。[1]

《刑事诉讼法》第 68 条以及《刑诉解释》第 150 条第 2 款规定取保候审的保证方式为保证金保证与保证人保证,并规定,不得同时适用保证金保证和保证人保证。并且《刑诉解释》与《高检规则》都规定,在犯罪嫌疑人、被告人无力缴纳保证金或者具有特定情形时可以适用保证人保证。我国关于取保候审的规定并没有明确区分保证人保证与保证金保证的适用顺序,只是规定二者不可同时适用。与 1996 年修改《刑事诉讼法》时的情况不一样的是,2012 年修改《刑事诉讼法》的国内环境与之前发生了很大的变化,1996 年是国家经济由计划经济向市场经济转型的初期,适用人保或者财产保能够保障犯罪嫌疑人和被告人按照要求参加刑事诉讼。2012 年修改时则不同,我国的市场经济发展迅速,社会流动人口大幅度增加,特别是随着大量人口异地打工更增加了人口的流动性,在这种情况下,外来者犯罪后取保候审的,在短时间内往往无法寻找到合格的保证人,因此,大量

---

[1] 陈卫东:《刑事诉讼法理解与适用》,北京:人民出版社,2012 年,第 139 页。

的保证金保证存在。此外，由于社会生活节奏的加快，人与人之间的关系不再是之前的"熟人社会"，特别是社会信誉的缺失导致司法实践中保证人保证不能满足刑事诉讼的要求，取保候审的效果比较差。因此，我国的取保候审主要还是以保证金保证为主要方式。对于是否应当增加取保候审的方式，笔者认为，增加取保候审的方式将会在以后刑事诉讼法修改时受到重视，以适应不断发展的刑事犯罪。关于保证金的数额，我国刑事诉讼司法实践中的金额为 1 000 元以上，但是，在不同的地区适用同样的标准则不能达到取保候审应有的效果。应当根据我国不同地区的经济发展水平，确定不同的保证金金额最低标准，在东部发达地区，保证金的数额应当相应较高，而在西部欠发达地区则应当规定相对较低的保证金数额。

《刑事诉讼法》第 69 条和 70 条规定了保证人的条件和应当履行的义务。第 69 条从四个方面规定了保证人的条件，其中第三个条件为"享有政治权利，人身自由未受到限制。"对于该项条件的立法规定，笔者认为存在探讨的必要，取保候审作为一项强制措施，目的是保障刑事诉讼的顺利进行，避免犯罪嫌疑人、被告人妨碍刑事诉讼的进行。保证人的目的是对被保证人进行监督，避免其逃避侦查、起诉和审判，也避免被保证人妨碍刑事诉讼的顺利进行。政治权利是宪法规定的公民应当享有的权利，政治权利的有无对保证人义务的履行并无障碍，因此，将享有政治权利作为保证人的条件值得商榷。第 70 条第 2 款规定了保证人未履行保证义务时应当承担的责任，其中规定，保证人未履行保证义务，构成犯罪的，依法追究刑事责任。虽然规定了刑事责任的追究，但是对于如何进行追究以及以什么罪名追究保证人的刑事责任，刑事诉讼法没有做出规定。我国刑法中与此有关的罪名有玩忽职守罪、窝藏、包庇罪以及帮助毁灭伪造证据罪，但是，这些罪名在本质上是对保证人保证行为之外的其他行为的评价，并不涉及保证行为的评价，更何况玩忽职守罪的主体是国家工作人员，其他人还不能构成此罪。因此，在对取保候审制度进行完善时，应当明确对保证人违反监督义务的行为的惩罚，而不仅仅是对其他新的犯罪行为的惩罚。

《刑事诉讼法》第 71 条规定了被取保候审的犯罪嫌疑人、被告人应当遵守的义务，同时，《刑诉解释》《高检规则》等也规定违反取保候审规定的犯罪嫌疑人、被告人具有特定情形的，应当对其予以逮捕。第 71 条对取保候审的犯罪嫌疑人、被告人的义务较之前刑事诉讼法作出了更多的修改,不仅从积极方面规定了其应当遵守的义务,还从消极方面规定了特定期间不得从事特定的行为。第 71 条第一款规定"未经执行机关批准,不得离开所居住的市、县。"此处的规定意味着在具有特定理由时,犯罪嫌疑人、被告人可以离开所居住的市县,但是法律对可以离开的理由没有做出说明。由于取保候审措施在刑事司法实践中并没有得到有效适用,使得被取保候审的犯罪嫌疑人、被告人离开所居住的市县时,并不需要执行机关的批准。该条第三款规定,被取保候审的犯罪嫌疑人、被告人违反取保候审的义务规定的,已缴纳的保证金部分或者全部予以没收。但是,在规定没收保证金时,没有规定没收保证金的机关,在适用取保候审的案件中,决定取保候审的机关是公安机关、人民检察院或者人民法院,执行机关是公安机关,在没收保证金时具体由哪一机关没收,并没有明确的规定。

二、监视居住的法律规定及评析

监视居住作为逮捕的替代性措施,在 2012 年对刑事诉讼法修改之前,有很多学者主张废除该项强制措施,但是,监视居住作为我国传统的非羁押性强制措施,在刑事诉讼中还具有存在的价值。因此,在对刑事诉讼法修改时,保留了监视居住的规定,但对监视居住做了很多的修改,以适应我国刑事诉讼的需要。

《刑事诉讼法》第 74 条规定了监视居住的适用情形。要求犯罪嫌疑人、被告人达到逮捕的条件并且具有特定的情形时,才可以对其适用监视居住措施,第 74 条规定了可以适用监视居住的五种情形,该五种情形之所以以监视居住代替逮捕,一方面是基于犯罪嫌疑人、被告人的人身危险性的降低使得他们既不能妨碍刑事诉讼的进行,逃跑以逃避侦查起诉审判的可能性也减小。另一方面也是出于人性关怀和人道主义的考虑,将社会危险性小的应逮捕犯罪嫌疑人监视居住。但是,第二款规定,对既不能缴纳保证金也不能提出保证人的犯罪嫌疑人、被告人也可以监视居住,该规定的合理性有待商榷。该款的规定涉及监视居住的性质,如果认为监视居住仅为逮捕的替代性措施,那么将满足取保候审条件的犯罪嫌疑人、被告人进行监视居住则违背了比例性原则,因为适用的强制措施应当与犯罪嫌疑人、被告人的人身危险性等因素成正比,不能因为其不能提出保证人或者交纳保证金就对其监视居住;如果认为监视居住属于逮捕或者取保候审的替代性措施,那么对该类犯罪嫌疑人、被告人的强制措施的转化就不存在矛盾之处。笔者认为,对于不能提出保证人或者交纳保证金的犯罪嫌疑人、被告人不能转化为监视居住,对这类主体应当通过扩大取保候审方式范围的形式解决。监视居住属于严重限制人身自由的强制措施,而取保候审则相对较轻,通常情形下,取保候审的犯罪嫌疑人、被告人可能被判处的刑罚较轻,甚至不需要判处有期徒刑,如果采取监视居住措施,明显与其所犯罪行以及人身危险性不相适应。

《刑事诉讼法》第75条规定了指定居所的监视居住,同时,《刑诉解释》和《高检规则》等也对该问题作出了详细的规定。修改后的刑事诉讼法增加了指定居所的监视居住,该类监视居住包括两种情形:一是犯罪嫌疑人、被告人没有固定住处的,可以在指定的居所执行;二是涉嫌危害国家安全犯罪、恐怖活动犯罪、特别重大的贿赂犯罪案件,在住处执行可能有碍侦查的,经上一级人民检察院或公安机关的批准,可以在指定的居所监视居住。本条在规定指定居所监视居住的情形时,还赋予犯罪嫌疑人、被告人委托辩护人的权利。在监视居住时,往往存在警力不足的矛盾,这就使得一些公安机关不论犯罪嫌疑人、被告人是否有固定居所,都会将其集中到固定居所,由专人轮流看管、同吃同住。这种情况实质上已经形成了变相羁押,有的地区为解决这种矛盾,就会委托保安公司派员来执行,但是,对保安公司及保安人员执行监视居住的性质没有明确的法律规定,还需要立法及司法机关对此作出进一步规定。

《刑事诉讼法》第77条规定了被监视居住人的义务。1996年刑事诉讼法第57条也规定了被监视居住人的义务,规定的内容与修改后的第77条最大的区别就是"将护照等出入境证件、身份证件、驾驶证件交执行机关保管"。该项内容的增加一方面保证了被取保候审人不妨碍案件的进行,在传讯的时候随到随叫,使监视居住措施的体系不断完善;另一方面,这也是顺应社会发展的需要,随着社会的发展,任何人的出行都将会用到一些证件,离开证件特别是身份证件几乎寸步难。在这样的情形下,将相关证件交给执行机关保存打消了被监视居住人逃避的想法,也使他们不敢妨碍刑事诉讼的进行。在对犯罪嫌疑人、被告人监视居住过程中出现哪些情形属于《刑事诉讼法》第77条第一项规定的情形,法律和司法解释没有明确规定,《刑诉解释》第165条也只是规定了离开的次数,没有规定离开的事由、离开时申请的机关等内容,其他司法解释也只是对第77条的重复,没有进行细致的解读。笔者认为,被监视居住人在具有特定事由时经决定机关的批准可以离开执行监视居住的居所。这里的特定事由应当包括婚丧嫁娶、养老抚幼等,批准离开监视居住场所的机关应当为作出监视居住决定的机关,一方面作出决定的机关对被监视居住人的情况比较了解,能够做出准确判断,另一方面作出决定的机关是主要的办案机关,在作出监视居住决定后需要被监视居住人遵守规定,不得妨碍刑事诉讼的顺利进行,由该机关批准能够实现对被监视居住人的有效监督。

《刑事诉讼法》第 78 条规定了对被监视居住人的监督,此外,《高检规则》也规定了人民检察院对监视居住情况的监督。第 78 条是 2012 年刑事诉讼法修改时新增加的规定,明确了对被监视居住的人可以采取的措施有电子监控、不定期检查、侦查期间的通讯监控等,这样的规定是顺应当今科学技术不断发展的社会现实的表现。在当今科技发达、通讯畅通的时代,可以采用电子监控、不定期检查的方法及时监视与控制被监视居住人的活动,全面观察其是否违反法律的规定。但是,采用电子监控等形式的监督方式会产生对隐私权的干预问题,这里的隐私权干预不仅是对被监视居住人的隐私权的干预,同时,对被监视居住人的家人、共同居住的近亲属的隐私权也会造成一定的冲击,造成与案件无关人员生活的混乱。因此,需要对使用电子监控方式的监督进行细化研究,保障对犯罪嫌疑人、被告人的监视居住不能对其他任何第三人的生活造成干预。有的学者提出了采用电子手链、电子脚铐等定位式电子装置进行监督的方式,[①] 笔者认为,这种方式的电子监控可以借鉴,对晚间以电子监控方式的监视居住具有重要的价值,一方面使用该类监控方式能够保障对被监视居住人的定位,使其不能逃脱公安司法机关的控制,另一方面,使用该监督方式还可以避免侵犯案外第三人以及被监视居住人的个人隐私。

《刑事诉讼法》第 79 条规定取保候审的期限最长不超过 12 个月,监视居住的期限最长不超过 6 个月。从法律规定的字面含义理解,对被取保候审、监视居住者在侦查、起诉、审判各阶段的总期限应当分别不得超过 12 个月、6 个月,但是《高检规则》的司法解释发出的信号是:每一阶段的取保候审、监视居住的期限分别为 12 个月、6 个月,这明显不符合立法的本意。因此,《刑事诉讼法》应当对取保候审

---

① 汪建成、胡星昊:《论监视居住制度的司法完善》,《中国刑事法杂志》2013 年第 6 期,第 65 页。

与监视居住的期间作出明确规定:侦查、起诉与审判阶段适用取保候审、监视居住的,期限总数为取保候审内不得超过 12 个月、监视居住不得超过 6 个月。取保候审与监视居住期限引申出的另一个问题是二者退化为隐性销案措施的问题。有的学者提出,"如果期间过长,不但对犯罪嫌疑人的人身自由限制过久,不符合比例原则,而且可能导致中断侦查,对被取保候审、监视居住人放任自流,不落实取保候审、监视居住的规定,把取保候审、监视居住作为案件进行冷处理,最后撤销案件的'下台阶'手段"。[①] 对取保候审、监视居住的案件,出现程序或者案件无法继续推进的情形,发现不需要追究刑事责任或取保候审、监视居住期限届满,专门机关不主动解除强制措施的适用,犯罪嫌疑人、被告人也不主动申请解除,这种情况下就使得被取保候审、监视居住人享有有限的人身自由,专门机关在不主动追诉的情况下造成隐性销案的后果。对此,笔者认为,应当要求作出取保候审、监视居住决定的机关在发现不需要追究刑事责任或取保候审、监视居住期限届满时,应当主动解除对犯罪嫌疑人、被告人的取保候审、监视居住,对没有解除的应当规定需承担的法律后果。

第二节　取保候审问题研究

取保候审属于典型的羁押替代性措施,对于保障刑事诉讼的顺利进行具有重要价值,在 2012 年《刑事诉讼法》的修改中,取保候审制度也进行了相应的修改,特别是与监视居住的分离更是体现了立法者对这两种强制措施的重视。但是,在取保候审的司法实践以及理论研究中还是存在很多的问题,这需要我们进一步探讨,以保障取保候审发挥应有的功能。

一、取保候审的性质及功能

关于取保候审的性质,在司法实践与理论界存在很多的争议,主要存在两种观点:第一种观点是,取保候审是犯罪嫌疑人、被告人的一项诉讼权利,任何人不得予以剥夺;第二种观点是,取保候审是犯罪嫌疑人、被告人应当遵守的义务,是

---

① 孙长永:《侦查程序与人权保障—中国侦查程序的改革与完善》,北京:中国法制出版社,2009 年,第 124 页。

刑事诉讼中的一项强制措施。持第一种观点的学者主要是受到英国保释制度的影响，季美君教授认为，将取保候审确立为一项犯罪嫌疑人、被告人享有的权利，在当今追求保护人权的诉讼潮流中是很有必要的，也是符合诉讼理论的。无罪推定原则的确立为取保候审的权利化提供了理论基础。我国刑事诉讼法将取保候审规定为强制措施，一定程度上也产生了立法的不合逻辑性。① 还有的学者认为，国外的保释制度具有权利保障的性质，我国的取保候审制度在本质上也应当具有人权保障的权利性质，但是我国的传统文化导致这种权利意识在社会中缺失，他认为，我国的法治建设虽然已经开始认同权利本位的理念，但是这一理念在我国不具有西方国家所具有的悠久的文化积淀。"正因为权利意识的严重匮乏，犯罪嫌疑人、被告人对取保候审这项应有的权利认识不到位"。因此，我国取保候审权利属性的缺失与整个民族权利意识的缺失密不可分。② 还有的学者提出，在我国应当将取保候审作为权力与权利的结合看待，一是因为国外很多国家将此规定为权利，对我国具有借鉴意义，另一方面因为我国适用取保候审的主体多为非本地居民，取保候审的权利化能够体现司法的公正性。同时，在取保候审的适用过程中也需要注重国家机关权力的行使，保障该强制措施的有效实施。③ 姚莉教授也明确提出，对羁押替代性措施优化的进路之一就是强化取保候审措施适用的权利保障，"立法应当将取保候审明确为被追诉人的一项诉讼权利"。④ 持第二种观点的学者提出，我国的取保候审制度不具有英美法系保释制度的权利色彩，我国刑事诉讼法一直把准确、及时查明案件事实和惩罚犯罪分子作为刑事司法程序的首要任务，因而带有严重的超职权主义诉讼模式的色彩。我国固有的法律特点和法律发展状况导致取保候审无法为英美法系国家保释制度所代替。取保候审制度改革的关键，应该是对作为强制措施的羁押性措施的适用制度进行改革。⑤

---

① 季美君：《构建程序化的取保候审制度—兼论英国保释制度对我国的借鉴意义》，《法制与社会发展》2003 年第 5 期，第 140 页。

② 邵尔希：《扩大使用取保候审的潜在困难分析—以观念性障碍为视角》，《华东政法学院学报》2007 年第 1 期，第 93 页。

③ 张剑峰：《论取保候审适用的基础及其完善》，《中国刑事法杂志》2013 年第 5 期，第 58 页。

④ 姚莉、王方：《我国羁押替代性措施设计之革新》，《法商研究》2014 年第 2 期，第 124 页。

⑤ 元轶：《取保候审制度于保释制度的比较法考察及其改良》，《比较法研究》2008 年第 2 期，第 13 页。

对取保候审的性质进行界定也涉及诉讼模式的讨论,有的学者提出,根据法律属性的侧重点不同,羁押替代性措施可以分为权力主导型和权利主导型两种模式,该两种模式为帕卡的犯罪控制模式和正当程序模式在强制措施中的体现。在权力主导型模式下,羁押替代性措施被视为国家行使权力的一种表现形式,该模式的出发点就是保障刑事诉讼程序的顺利进行,实现追究犯罪和实体正义的要求;在权利主导型模式下,羁押替代性措施是犯罪嫌疑人和被告人的一项诉讼权利,是权利保障理念的体现。① 对此,徐静村教授提出,与英国的保释制度相比,我国取保候审制度的性质是一种"权力制度",取保候审是公安司法机关的权力,因此改善我国的取保候审制度,"首先应当实现立法思想从'权力本位'向'权利本位'的转变,允许取保候审应当成为权利原则,拒绝取保候审应当成为权力例外"。② 孙长永教授也主张,"将取保候审规定为所有犯罪嫌疑人、被告人的一项诉讼权利"。充实取保候审的诉讼程序规定,使其成为刑事诉讼最为常用的强制候审措施。③ 有的学者也提出,我国取保候审制度的性质应当从强制措施改为权利,这样的修改既符合国际人权法规定的国际趋势,也顺应了我国刑事诉讼法修改注重人权保障的理念。④

笔者认为,将取保候审看作犯罪嫌疑人、被告人的诉讼权利的学者认识到刑事诉讼中保障人权的诉讼理念。保障人权不仅是我国刑事诉讼法确立的目的,也是国际人权法要求保障犯罪嫌疑人、被告人诉讼权利的需要。但是,刑事诉讼的目的不仅是保障人权,在坚持保障人权的同时,我们还应当坚持追究犯罪的目的。将取保候审看作是国家公安司法机关追究犯罪的强制措施的学者,认识到了取保候审的诉讼保障功能,认为取保候审首先应当满足刑事诉讼的顺利进行。追究犯罪是刑事诉讼的目的之一,在当前人权保障理念受到重视的形势下,人权保障也应当是刑事诉讼应当坚持的理念,只是我们应当在坚持打击犯罪的过程中避免侵犯被追诉人的人权,不能单纯地强调打击犯罪,忽视人权保障。取保候审制度在现阶段是作为一项强制措施在用,虽然很多国家的刑事诉讼法将保释作为一项诉

① 王贞会:《羁押替代性措施的含义、模式与功能省思》,《比较法研究》2013 年第 2 期,第 89 页。

② 徐静村、潘金贵:《英国保释制度及其借鉴意义》,《现代法学》2003 年第 6 期,第 17 页。

③ 孙长永:《比较法视野中的刑事强制措施》,《法学研究》2005 年第 1 期,第 122 页。

④ 周伟:《保释解读与我国取保候审制度改革》,《法学》2004 年第 12 期,第 46 页。

讼权利规定,但是,在我国目前的司法实践状况下,取保候审应当作为一项强制措施存在,而且在今后相当长的一段时间内也应当作为强制措施存在。首先,刑事诉讼的目的包括惩罚犯罪和保障人权,应当在追究犯罪的过程中保障犯罪嫌疑人、被告人的诉讼权利,不能因为保障人权的需要而忽视惩罚犯罪的刑事诉讼目的。其次,我国的诉讼传统以及法律思想决定了我国在短期内还不能将取保候审的强制措施性质转变为权利性质。

讨论取保候审的性质问题,将必然引申出取保候审的功能问题,有的学者从羁押替代性措施的功能方面进行了阐述,其认为羁押替代性措施应当具有以下四项功能。第一,替代羁押功能。替代羁押功能又称为羁押替代性措施的优先性,目的在于减少对犯罪嫌疑人、被告人的自由干预。第二,诉讼保障功能。该学者认为,羁押替代性措施的首要功能应当为诉讼保障功能,取保候审的最重要功能就是保障刑事诉讼的顺利进行,防止司法行为的随意性。第三,人权保障功能。取保候审作为羁押替代性措施,应当维护犯罪嫌疑人、被告人的人身自由权,避免被不当羁押,防止冤假错案的出现。第四,诉讼效益功能。替代羁押措施的使用实现了对司法资源的优化配置,对没有必要羁押的犯罪嫌疑人、被告人不予羁押,节约了司法资源,提高了诉讼效率。[①]还有的学者提出,我国的刑事强制措施具有诉讼保障和人权保障的双重功能。诉讼保障功能体现在两个方面:一是保障被追诉人始终能够参与刑事诉讼程序以及法院裁判结果能够得到执行;二是保证公安司法机关能够依法顺利进行案件事实和证据的审查工作。人权保障功能体现在:一是强制措施的内容设计必须体现对被追诉人人权的尊重与保护;二是适用强制措施过程中违反人权保障的行为必须得到制裁。[②]还有的学者从保释制度的价值方面进行了分析,认为保释制度的价值包括程序正义、实体正义与诉讼效益。保释制度的适用体现了自由与平等的价值理念,是程序正义的体现。保释还能保障被追诉人免受刑事羁押,体现了刑事诉讼的实体正义。诉讼效益的体现则主要表现在两方面:一是可以减少羁押场所的压力,节约司法资源,另一方面在决定是否

[①] 王贞会:《羁押替代性措施的含义、模式与功能省思》,《比较法研究》2013年第2期,第92-97页。

[②] 卞建林:《我国刑事强制措施的功能回归与制度完善》,《中国法学》2011年第6期,第24-25页。

适用保释时，需要进行利益权衡，体现了诉讼效益的原则。①

关于取保候审的功能，以前学者的研究可以归纳为两个方面：一是保障刑事诉讼顺利进行的功能；二是保障犯罪嫌疑人、被告人诉讼权利的功能。保障诉讼顺利进行的功能在本质上为打击犯罪的诉讼目的在强制措施方面的体现，公安司法机关有权决定对符合条件的犯罪嫌疑人、被告人采取取保候审措施，目的是防止其逃避侦查、起诉与审判，妨碍刑事诉讼的顺利进行，甚至避免其在有的情况下实施新的犯罪。保障犯罪嫌疑人、被告人诉讼权利的功能是刑事诉讼保障人权的目的在强制措施中的体现，人身自由权是每个人生来就有的权利，也是宪法中规定的基本人权之一，对被追诉人的羁押是对其人身自由的剥夺，如果被追诉人的行为可以不予羁押，应当对被追诉人变更强制措施，采取取保候审或者监视居住。在保障人权与打击犯罪的两种功能方面，笔者认为，应当坚持打击犯罪优先，在打击犯罪的过程中，保障法律赋予犯罪嫌疑人、被告人的各项诉讼权利。因为，刑事诉讼的运行是为了解决社会上出现的刑事案件，在解决刑事案件的过程中应当以查明案件事实为主要目的，但是，在查明案件事实的过程中，也要求公安司法机关依照法律规定，保障被追诉人各项权利的实现。保障人权更多的应当在刑事侦查与审判过程中体现，从强制措施法定性质来看，其最主要的目的和作用应当是保障刑事诉讼的顺利进行，并保证案件的及时解决。

二、取保候审的方式问题

关于取保候审的方式，我国《刑事诉讼法》及相关司法解释明确规定了保证金保证和保证人保证两种形式，并且保证金保证和保证人保证不得同时适用。同时，对于保证金保证和保证人保证的何者优先适用的问题也没有明确。对此，理论界和司法实务界对取保候审的方式也存在争议。

有的学者提出，从取保候审的方式来看，我国的取保候审措施存在着方式单一、简单机械的问题。在司法实践的角度看，保证金保证是最主要的取保方式，并且由于只能以现金方式取保，房屋、汽车等不动产和其他非现金财产不能作为取保候审的保证方式，这就在司法实践中产生了很多弊端：一方面，采取现金保证的被取保人在缴纳现金后逃跑现象严重；二是对于拿不出现金的被取保候审人造成

---

① 胡之芳、谭志君：《保释制度的诉讼价值分析》，《河北法学》2006年第7期，第77-79页。

不公正。① 对于我国取保候审方式的单一性问题,有的学者提出建立多元化、灵活多样的保证方式,除保证人、保证金保证外,还应当再增加其他取保候审的方式:一是增加财产保证,允许犯罪嫌疑人、被告人以非现金财产作为担保;二是对于犯罪较轻、违反取保候审的可能性较小的犯罪,允许具结保证。② 还有的学者对保证金保证进行研究,认为我国取保候审保证金可以由被取保人本人缴纳,也可以由其他自然人、法人或者非法人单位代为缴纳;保证金的形式既可以是现金,也可以是有价证券或者不动产,而且现金的形式不局限于人民币。③ 还有的学者对保证金收取中存在的问题进行研究,该学者认为,保证金的收取数额弹性过大、缺少限制,既没有具体的操作规范也没有第三方的审查,造成执法机关收取保证金的数额具有随意性,收取、管理不规范。④ 在英国,保释分为三种类型:无条件保释、有条件保释、确定保证人或者收取保证金后保释,在保释释放之前或者之后,法院可以要求被保释人遵守保释期间不得犯罪等规定。⑤英国的保释制度方式多种多样,很多学者也提出,我国可以借鉴英国关于保释制度的规定,扩大取保候审的保证方式,有的学者就提出,我国取保候审方式的规定不利于对当事人权利的保障,对取保候审制度的完善,可以规定采取财产保证方式时,不只限于缴纳保证金,其他有价值的财产如房屋、汽车等都可以用作担保。⑥

在保证方式的适用方面,司法实践中存在一个突出的问题:流动人口的取保候审问题。由于经济的不断发达,不同地区之间的人口流动也增强,异地犯罪现象频发,对流动人员的取保候审提出了挑战。有的学者认为,为了应对流动人员的取保候审,应当增加流动人员取保候审的保证方式。一是增加单位保证人,扩

---

① 史立梅等:《刑事诉讼审前羁押替代措施研究》,北京:中国政法大学出版社,2015 年,第 72 页。

② 田文昌、陈瑞华:《〈中华人民共和国刑事诉讼法〉再修改律师建议稿与论证》,北京:法律出版社,2007 年,第 355 页。

③ 孙长永:《比较法视野中的刑事强制措施》,《法学研究》2005 年第 1 期,第 122-123 页。

④ 宋英辉、王贞会:《对取保候审功能传统界定的反思》,《国家检察官学院学报》2007 年第 4 期,第 110、112 页。

⑤ 宋英辉、孙长永、朴宗根等:《外国刑事诉讼法》,北京:北京大学出版社,2011 年,第 17 页。

⑥ 于华江、魏玮:《借鉴保释制度完善取保候审的若干思考》,《中国人民公安大学学报》2005 年第 5 期,第 135 页。

大保证人的范围。犯罪地的企业可以为企业内的员工承担保证义务,其他单位也可以以自己的名义为犯罪嫌疑人、被告人提供保证。二是明确保证金的最高数额,扩大担保财产的范围。确定取保候审的指导数额,可以避免办案机关借收取高额保证金来拒绝犯罪嫌疑人、被告人的取保候审。三是增加取保候审的方式,对于无法提供保证人和保证金的流动人口犯罪嫌疑人,可以适用"具结保证"的保证方式。[①] 对外来犯罪人员使用具结保证等保证方式能够保障异地犯罪的犯罪嫌疑人、被告人享有获得取保候审的权利,保障其人身自由不被随意侵犯,但是,可能会出现被取保候审人的脱保问题。还有的学者提出,取保候审的保证方式的性质在我国司法实践中出现了异化的情形,其中受到影响最大的就是涉罪外来人员。对此,我国的取保候审方式仅包括人保和财保两种方式远远不够,个别地区"管护基地"就应然诞生,管护基地的设立初衷是为了解决涉罪外来人员羁押率高的问题,以管护基地为依托对其扩大取保候审的范围。管护基地及其工作人员为取保者所提供的保证及进行的监管是以公共保证人的形式嵌入我国现行刑事诉讼制度中的特殊形式。[②] 管护基地是以企业、工厂、学校、养老院等为依托,为符合取保条件但又无力缴纳保证金也无法提出保证人的涉罪外来人员提供食宿的形式,保障其在取保期间的教育等。笔者对管护基地在保障刑事诉讼顺利进行方面发挥的作用持肯定态度,但是,笔者存在疑问的地方是:管护基地与监视居住有何区别?甚至可以说管护基地与指定居所监视居住有何区别?笔者认为这些问题需要进一步的研究。

对取保候审的方式,笔者认为以上学者的观点具有一个共同点,即增加取保候审的方式。笔者非常赞成增加取保候审的方式,在保证人保证方面,我们应当扩大保证人保证的范围,不仅自然人可以作为保证人,同时,法人也可以作为取保候审的保证人。对此,我们可以借鉴美国的商业保释和赏金猎人制度,在美国,大部分寻求承担商业保释服务的是可能被判处重罪的人,这种情形下的保释担保人承担的是一种被保证人逃跑的现实危险,这就使得商业保释公司通常雇佣专业

① 林静、饶明党:《流动人口取保候审问题研究》,《国家检察官学院学报》2014 年第 2 期,第140-141 页。

② 初殿清:《论取保候审保证方式的性质异化及其修正—兼论涉罪外来人员监护管理基地的功能》,《河南大学学报(社会科学版)》2015 年第 3 期,第 54-55 页。

赏金猎人来保证被告人到庭。① 我国可以借鉴商业保释制度的形式,确立公立与私立并行的审前释放保障体系,确立保释代理人,由其保障被取保候审人及时到案。② 允许营利性单位或者社会公益单位承担对犯罪嫌疑人、被告人的保释,由被保释人向这些单位交纳相应的金钱,以此来减轻国家司法资源的投入,节约司法资源。在保证金保证方式上,我国目前只是确定了保证金的最低限额为 1 000 元人民币,对上限以及是否允许非金钱财物进行担保等都没有明确规定。笔者认为我国保证金保证应当明确保证金的上限,避免公安司法机关在确定保证金数额时科以过高的保证金,超出被取保人的承受范围,逼迫其不得不接受羁押。保证金的最高限额应当根据不同地区的经济发展状况来确定,总体来说,东部地区规定的取保候审金额应当高于西部地区,但是在本地区内部可以做适当调整。除全额缴纳保证金的形式外,我国还可以借鉴其他国家的经验,在办理取保候审时,与被取保人约定保证金的数额,但是对被取保人收取保证金时可以收取一定比例的保证金。如果被取保人没有违反取保规定,那么相应的保证金退回给被取保人,如果被取保人违反取保规定,那么不仅没收其已经缴纳的保证金,还应当按照约定收取剩余的保证金。除收取现金保证金以外,财产保还应当包括以非金钱形式表现的其他财产进行的担保,在对犯罪嫌疑人、被告人采取财产保证时,应当允许以房屋、汽车、有价证券等形式担保,而不能仅仅局限于金钱保证。其实,在人保和财产保之外,还有一种保证方式,那就是具结保证,这一保证方式在美国和英国都存在并且普遍适用。笔者认为,我国可以借鉴具结保证的方式,但是对于无条件的具结保证不能原则性适用,对于附条件的具结保证可以在试用一段时间后扩大其适用范围。

三、取保候审的执行

取保候审的犯罪嫌疑人、被告人在取保之后,将会享有有限的人身自由,在符合《刑事诉讼法》及相关司法解释的规定时,被取保候审人有权从事相关活动。但是,取保候审的执行却不容乐观。

---

① 李忠民:《美国商业保释和赏金猎人制度评析》,《人民论坛》2010 年第 23 期,第 120 页。
② 杨雄:《商业保释制度研究—兼及对我国的借鉴意义》,《湖南社会科学》2016 年第 3 期,第94 页。

对于保证人保证问题，有的学者提出，司法实践中，"保证人通常是被保证人的近亲属，被取保候审的犯罪嫌疑人一旦藏匿或者逃匿，出于亲情关系，保证人大多不会或者不及时向公安机关报告，甚至出现保证人串通被保证人逃匿或者逃逸以逃避法律责任的现象"。① 对帮助逃匿的保证人，很难收集其与被保证人串通的证据，很难追究其刑事责任，一般情形下只是对保证人进行罚款。针对此种情形，有的学者提出明确取保候审的义务体系与制裁：明确被取保候审人在取保候审期间的如实汇报义务等；明确保证人的保证义务，监督被保证人在保证期间遵守相关规定，对于被取保候审人可能或者已经发生违法行为的，及时向执行机关报告。对保证人违反保证义务的，应当给予相应的制裁：一般情形下应当对其罚款，此外还可以要求其承担民事连带赔偿责任；对于协助被取保候审人逃跑的人，应当追究刑事责任。② 还有的学者提出，在取保候审的执行中由于执行不力导致被取保候审人潜逃、妨害诉讼。不仅保证人保证中出现这样的问题，保证金保证中也经常出现此类问题。在司法实践中，一般由公安机关的基层派出所承担执行任务，但是基层派出所人员少任务重，对被取保候审人和保证人是否履行刑事诉讼法规定的义务难以监管，被取保候审人和保证人履行义务基本靠自觉。③ 因此，司法实践中保证人履行义务情况的监督也是面临的一个问题。笔者认为，上述学者都提出了取保候审执行中遇到的难题，对于这些问题既有客观方面的原因，也有主观方面的原因，但是最为主要的一个原因应当是对保证人违法的惩罚性规定不足。对违反保证义务的保证人不仅要根据法律规定要求其承担相应的民事与行政违法责任，同时还应当通过法律明确规定保证人违反保证义务应当承担的刑事责任，这里的刑事责任不仅包括窝藏、包庇罪以及帮助毁灭伪造证据罪，还应当专门针对违反保证义务行为规定相应的罪名，由他们承担相应的刑事责任。

对保证金保证，有的学者认为对于取保候审特别是异地取保候审，公安机关的监管多是形同虚设，决定机关委托公安机关执行的寥寥无几，从而使公安机关

---

① 高景峰、杨雄：《新刑事诉讼法强制措施解读》，北京：中国检察出版社，2012 年，第 146-147 页。

② 王贞会：《羁押替代性措施改革与完善》，北京：中国人民公安大学出版社，2012 年，第 224 页。

③ 高德友：《完善取保候审制度之管见》，《河南社会科学》2005 年第 3 期，第 48 页。

对被取保候审人的行为是否符合法律规定无从掌握,法律规定的保证金保证等措施成为摆设。[①] 还有的学者指出,我国保证金保证的金额为 1 000 元以上,只是规定了最低限额,没有规定上限,在司法实践中动辄出现几十万、几百万的高额保证金,往往导致因社会经济地位的差异而使犯罪嫌疑人、被告人不能在完全平等的基础上行使此项权利。[②] 还有的学者指出,在有些地方,保证金保证成为创收的手段。由于我国司法机关的办案经费来源于地方财政拨款,司法机关的没收罚款、保证金会通过财政拨款的形式返还给司法机关,所以出于本部门利益的考虑,取保候审往往成为创收的一种手段。[③] 还有的学者专门对保证金的利息问题进行了研究,认为退还保证金时不应当退还保证金的利息。一方面是因为,取保候审是犯罪嫌疑人、被告人的一项权利,其选择保证金保证就应当自愿放弃保证金的利息;另一方面是因为,保证金的上交是由执行机关保管,执行机关在银行开设账户不应当开设储蓄账户,而应当开设保管账户。因此,保证金利息的退还没有道理。[④] 以上观点可以归纳为三个方面:一是由于公安机关的警力不足,导致保证金保证之后的监督形同虚设;二是保证金没有上限的限制,导致犯罪嫌疑人、被告人取保候审难;三是保证金保证容易成为地方机关创收的手段。笔者认为,警力不足的问题在我国是一个现实问题,对被取保候审人的执行监督,应当发挥地方基层组织与社区的功能,对被采取取保候审措施的人,由基层组织负责监督,缓解警力不足的问题。对于保证金的限额以及无力缴纳保证金的情况,笔者认为应当为保证金保证设定最高限额,并且该最高限额应当符合比例原则,即既与当地的生活水平相适应,又要与犯罪嫌疑人、被告人的家庭生活条件相适应。对于保证金最后的处理问题,笔者认为,被取保候审人缴纳保证金的,如果保证人在保证期间内没有违反规定的,执行机关应当将保证金退还给被取保人,不得以任何理由变相扣除。同时还应当赋予被取保人相应的救济权,在权利受到侵犯时能够寻求相应的救济。对于因违反规定没收保证金的,应当将没收的保证金上缴国库,并将没收

① 鲍建敏、焦小琴:《加强对取保候审法律监督的实践难点及对策》,《犯罪研究》2013 年第 2 期,第 72 页。

② 于华江、魏玮:《借鉴保释制度完善取保候审的若干思考》,《中国人民公安大学学报》2005 年第 5 期,第 55 页。

③ 宁韬:《论取保候审功能的异化》,《研究生法学》2009 年第 5 期,第 44 页。

④ 刘根菊、刘蕾:《取保候审保证金利息之处分》,《人民检察》2003 年第 8 期,第 52 页。

保证金的金额以及没收情况予以公示,由被取保人以及专门监督机关进行监督。

第三节　监视居住问题

监视居住是刑事强制措施中强制程度居中的一项,其强制程度高于拘传、取保候审,低于拘留、逮捕,属于强制程度最高的非羁押强制措施。在 2012 年修改刑事诉讼法时,将监视居住分为住所型监视居住和指定居所型监视居住两种,但是总体来看,适用率相对较低。因此,有的学者对监视居住的相关问题提出了自己的观点。

一、监视居住的执行

关于监视居住的执行,有的学者提出,要强化监视居住的替代羁押功能,提高监视居住的适用率,为确保监视居住的执行效果,应当探索监视居住的执行方式:将取保候审和监视居住进行适当整合,在适用监视居住的同时结合适用保证金,增强保证的责任。同时还应当赋予犯罪嫌疑人、被告人申请监视居住的权利,增加非羁押措施的使用。执行的方式应当相对灵活,可以通过电子监控设备对被监视居住人进行监视,但是不得通过持续性录音、录像进行监视,可以探索具有电子跟踪功能的仪器进行监督。对于执行场所,可以探索更为有效的执行地点,尝试设立专门的场所来执行监视居住,但是执行场所应当符合相应条件,应该能够保证正常的生活,可以对被监视居住人进行电子监控,不得侵犯其基本权利。[①] 还有的学者从监视居住的主体方面进行了讨论,认为我国监视居住的决定主体与执行主体的分离机制在实践中也产生了一些问题,“由于事件中公安机关常常面临警力不足的问题,对人民检察院、人民法院决定适用监视居住,往往是只能勉强接受”。[②] 该学者提出的是监视居住在司法实践中面临的典型问题,特别是执行主体人员力量不足的问题是整个非羁押性强制措施执行中面临的最为突出的问题。除此之外,有的学者提出,法律规定被监视居住人未经执行机关的批准,不得与他人会见或通信,但是客观上很难实现有效监督。当前通讯技术非常发达,要求被

---

① 张芸:《非羁押性强制措施适用探析》,《人民检察》2011 年第 18 期,第 61 页。

② 汪建成、胡星昊:《论监视居住制度的司法完善》,《中国刑事法杂志》2013 年第 6 期,第 59 页。

监视居住人不得与他人通讯,此种情形很难实现,因为被监视居住人可以直接或者通过通讯工具间接地与他人交流。① 笔者认为,对于此种情形,监视居住只能防止被监视居住人与他人进行面对面交流,对于通过通信设施的联系很难进行监控,虽然可以将被监视居住人的通讯工具上交,但不能避免被监视居住人利用他人通讯工具进行交流。

同时,还需要探讨的问题是监视居住执行中的隐私权保护问题。社会传媒的不断发展对于隐私权的保护提出了挑战,在监视居住的执行过程中,由于电子监控、不定期检查等新监控手段的出现,对被监视居住人及其共同居住者的隐私构成了威胁,特别是电子监控的使用更需要防范。有的学者指出,"监视居住这一制度设计所针对的是犯罪嫌疑人、被告人,而不能针对任何第三人,在监视居住过程中所采取的监控措施也不能针对第三人"。"监视居住中的电子监控应当采取狭义理解,即只能采用电子手链、电子脚镣等定位式电子监控手段"。② 在美国很多州都存在与监视居住相类似的司法措施,都是用电子监控来代替警察执行监视居住。不仅是美国,英国、德国、荷兰、日本和澳大利亚等法治相对发达的国家也多是采用电子监控进行监视居住,近年来我国台湾、香港和澳门地区也将电子监控运用到监视居住的执行上。将电子监控运用到监视居住中能够及时地反映被监视居住人的特定行为,并向执行人员和被监视居住人发出警报,防止犯罪嫌疑人逃避追究或者再犯新罪。③ 运用电子监控设施执行监视居住很大程度上保障了对被监视居住人的监督,避免其逃避侦查起诉和审判,对于逃避的,也能够保障及时将其归案。但是,使用电子监控措施应当控制在一定的范围内,并且在适用的过程中应当坚持比例原则,尽量较少干涉被监视居住人及其共同居住人的隐私权,保证基本隐私权不被干涉。

有的学者专门讨论了监视居住的解除机制的问题。原则上,解除监视居住应当由原决定机关作出决定,然后通知公安机关执行,但是在司法实践中,司法机关往往是在执行时作出决定,而在解除强制措施时却不作出决定。④ 还有的学者提

---

① 李建明:《使用监视居住措施的合法性与公正性》,《法学论坛》2012年第3期,第19页。
② 汪建成、胡星昊:《论监视居住制度的司法完善》,《中国刑事法杂志》2013年第6期,第65页。
③ 陈卫东:《刑事诉讼法理解与适用》,北京:人民出版社,2012年,第162页。
④ 赵铁实:《取保候审、监视居住的适用及法律完善》,《人民检察》2008年第5期,第49-50页。

出，修改后的刑事诉讼法对监视居住的解除机制规定并不清晰，《刑事诉讼法》第
79条规定了两种解除监视居住的情形：不应当追究刑事责任或者监视居住期限届
满、应当及时解除监视居住。对于不应当追究刑事责任的情形是刑事诉讼法第16
条规定的6种情形，但是这6种情形的发生极其稀少，监视居住的接触机制路径
狭窄。对监视居住期限届满而解除监视居住的将涉及监视居住的期限问题，法律
规定监视居住的最高期限为6个月，但是对监视居住期限的重新计算存在问题，
特别是《高检规则》第113条规定的"重新计算"极易导致监视居住历经侦查、起
诉和审判共长达18个月的时间。[①] 前述学者的观点具有合理性，对监视居住的解
除应当由法律作出清晰明确的规定，对于《刑事诉讼法》规定的两种解除情形，确
实存在不明确的地方。对不需要追究刑事责任的情形，在司法实践中发生的几率
相对较小，对绝大多数案件监视居住的解除不能起到显而易见的效果。对于监视
期限届满而解除监视居住的更是由于监视居住期限的重新计算问题，导致很多被
监视居住者被监视居住长达18个月，这也反映了立法的不足。笔者认为，监视居
住的解除应当由法律作出明确规定，特别是对监视居住的期限问题更应当以法律
的形式明确规定。现行司法实践对被监视居住人的监视期限规定给人以模糊的
感觉，这就造成公安部、最高人民检察院、最高人民法院在对刑事诉讼法进行解释
时往往从有利于本机关的角度进行解释，造成监视居住期限的延长，侵犯被监视
居住人的人身自由权。因此，应当对监视居住的期限规定予以明确，通过《刑事诉
讼法》规定：监视居住的期限为6个月，应当贯穿于侦查、起诉与审判各环节。

二、指定居所监视居住

指定居所监视居住是刑事诉讼法进行修改时作出较大修改的地方，对于完善
强制措施体系具有重要意义。指定居所监视居住分为两种情形：一种是犯罪嫌疑
人、被告人无固定住处的，可以在指定的居所执行；二是对于涉嫌危害国家安全犯
罪、恐怖活动犯罪、特别重大贿赂犯罪，在住处执行可能有碍侦查的，经上一级人
民检察院或公安机关的批准，也可以在指定的居所执行。一般情形下的指定居所
监视居住是针对没有固定住处的犯罪嫌疑人、被告人，要求其未经执行机关的批

① 汪建成、胡星昊：《论监视居住制度的司法完善》，《中国刑事法杂志》2013年第6期，第
59-60页。

准不得从事相关活动,对于后一种指定居所监视居住,是在特定背景下产生的监视居住形式。随着社会的不断发展,危害国家安全犯罪、恐怖活动犯罪以及贿赂犯罪案件增多,对国家和人民的社会生活造成了很大的威胁,同时,由于这几类犯罪在侦查过程中极易出现犯罪嫌疑人、被告人逃匿、偷渡等情形的发生,给案件的侦查造成了极大的不便。因此,为了减少相关犯罪的发生,能够有效地侦破这类犯罪案件,对这三类犯罪的指定居所监视居住就应运而生。

有的学者认为,对于指定居所监视居住,在理解和适用时,应当注意以下几个方面的内容。第一,指定居所监视居住应当按照法律规定的范围和程序进行。只有法律规定的两种情况下才可以在指定居所监视居住。在对相关主体指定居所监视居之时,应当遵循法律规定的报批手续,对于应当通知被监视居住人的家属的,应当及时通知。第二,对指定居所监视居住的监督制约问题。该学者认为,不论是公安机关办理的案件,还是人民检察院办理的案件,对指定居所监视居住的决定和执行都应当接受人民检察院的监督。[①] 此外,该学者还对指定居所监视居住的刑期折抵问题进行了研究,认为为了保障当事人的合法权益,我们在打击犯罪的同时,有必要做出此方面的规定。但是也有的学者对指定居所监视居住期限折抵问题提出了异议,认为刑期折抵问题作为一项实体性问题,应当由刑法来规定,而不应当由刑事诉讼法来规定。同时,折抵刑期的问题也违反了刑法的规定,刑法在规定刑罚时,只是规定了剥夺人身自由的折抵刑期,并没有明确规定限制人身自由的折抵刑期问题,指定居所监视居住折抵刑期缺乏相应的立法基础,在司法实践中也极易产生问题,为变相羁押犯罪嫌疑人、被告人打开了缺口,侵犯其人权。[②]

有的学者从指定居所监视居住的合理性以及指定居所监视居住是否会导致"秘密拘捕"行为的泛滥问题进行研究。对于指定居所监视居住的合宪性,该学者认为,刑事诉讼法对指定居所监视居住的规定符合法律保留原则,但在法律明确性原则的遵循上存在不足。对指定居所监视居住的规定实质上超出了宪法关于人身自由的限制理由,虽然是作为限制人身自由的替代羁押措施进行规定,但是实质上属于剥夺人身自由的变相羁押措施。同时,对指定居所监视居住的地点、

① 高景峰、杨雄:《新刑事诉讼法强制措施解读》,北京:中国检察出版社,2012 年,第 172-173 页。
② 郑齐猛:《监视居住折抵刑期当缓行》,《检察日报》2011 年 9 月 21 日,第 3 版,第 5 页。

环境及被监视居住人的待遇和自由空间等缺乏明确规定,导致公权力行使不明,在实践中滋生刑讯逼供等现象。①从该学者的观点可以看出,指定居所监视居住在司法实践和立法过程中还存在很多问题,在指定居所监视居住进行了重大完善的今天,司法实践的适应还需要一段时间,该项强制措施的适用还需要与司法实践进行磨合,在磨合的过程中不断发现问题,对其进行进一步的完善。在指定居所监视居住的适用过程中,我们还将面临以下问题:可能出现泛化适用指定居所监视居住的情形,法律缺乏明确的规定可能导致指定的居所"黑监所"化,"将刑事诉讼法修改后的旨在防范刑讯逼供的一系列制度性努力化解于无形之中"。由于指定居所监视居住要求除了无法通知的以外都要通知家属,将会导致犯罪嫌疑人、被告人可能会遭受"强迫失踪"的命运。②笔者认为,指定居所监视居住在执行的过程中如果使用不当极易成为公安司法机关破案的工具,侵犯被监视居住人的人权。对于无固定住处的案件,由于侦查案件的需要,侦查机关在对犯罪嫌疑人采取监视居住时,为了防止其逃匿或者为达到控制犯罪嫌疑人的目的,会通过变更管辖的方式由异地机关管辖,这就使犯罪嫌疑人符合"因无固定住处而采取指定居所监视居住"的情形,对于第二种指定居所的监视居住,由于该类指定居所监视居住涉及重大犯罪或者对国家社会危害性比较大或者侦破比较困难的案件,导致公安司法机关在心理上形成尽量控制犯罪嫌疑人的思维。因此,对于刑事诉讼法中规定的三类犯罪的犯罪嫌疑人、被告人有可能都被采取指定居所监视居住。

还有的学者从实证的角度对指定居所监视居住进行研究,认为我国的指定居所监视居住在司法实践中存在两极化适用的特点:积极适用和消极适用。消极适用是指在司法实践中很少采取指定居所监视居住或者不采取指定居所监视居住。存在这种现象的原因为:第一,从监视主体的角度,放弃指定监视居住的第一个认识因素是存在执行场所选择上的法律障碍;第二,对执行方式羁押化的理解及由此产生的执行成本过高的顾虑。积极适用是指在刑事诉讼过程中指定居所监视

---

① 周长军:《从基本权干预原理论指定居所监视居住—兼评《刑事诉讼法》第 73 条》,《山东社会科学》2013 年第 4 期,第 6-7 页。

② 周长军:《从基本权干预原理论指定居所监视居住—兼评《刑事诉讼法》第 73 条》,《山东社会科学》2013 年第 4 期,第 7-8 页。

居住能够合理适用,不存在过多的顾虑。在积极适用的地区,指定居所监视居住并不存在所谓的法律障碍,也并不需要采取派人看守的方式,而是通过灵活的监控方式达到指定居所监视居住的目的。① 指定居所监视居住的强制性既表现在对犯罪嫌疑人活动空间的限制及强制其履行相应的义务,同时还表现在监视方式对被监视居住人权利的限制,对指定居所监视居住的强制性认识的不同以及对法律适用风险性认识的不同导致出现了两种不同的适用。

笔者认为,指定居所监视居住应当按照法律的规定进行,在符合法定条件时,应当采取指定居所监视居住的形式,保障刑事诉讼的顺利进行;在不应当采取指定居所监视居住时,应当及时解除该强制措施的适用,避免浪费司法资源,也能够保障被监视居住人的人身自由免受侵犯。对于指定居所监视居住的刑期折抵问题,笔者认为指定居所监视居住的刑期折抵是针对高强度限制被监视居住人的人身自由作出的规定。监视居住属于限制人身自由的非羁押性强制措施,对被监视居住人的人身自由进行限制,其强度要高于拘传与取保候审,指定居所监视作为针对特殊案件的特定监视居住措施,对被监视居住人的人身自由限制更为强烈,这种强度几乎接近羁押的强度。因此,立法者在立法时应当基于这种考虑作出指定居所两日折抵刑期一日的规定。同时由于指定居所监视居住并没有达到限制人身自由的程度,因此,在对刑期折抵进行规定时,并没有达到拘留、逮捕形式的折抵方式。

三、监视居住的法律救济与监督

监视居住的法律监督与救济对被监视居住人具有重要的意义,在其合法权益遭受侵犯时能够提出请求,保证其合法权益的救济。但是,我国《刑事诉讼法》在规定监视居住时,只是规定监视居住的解除情形,并没有详细规定被监视居住人不应当监视居住而被监视居住或者被监视居住人被超期监视居住时的救济程序。

有的学者提出,应当加强被监视居住人的权利保障,强化对指定居所监视居住的内外监督。监视居住不具有羁押的性质,但仍然是限制人身自由的非强制性措施,在保障犯罪嫌疑人基本的衣食保暖、必要休息的前提下,指定居所监视居住

---

① 马静华:《公安机关适用指定居所监视居住措施的实证分析—以一个省会城市为例》,《法商研究》2015 年第 2 期,第 105-107 页。

的犯罪嫌疑人的人身自由与安保问题也应当受到重视。由于在侦查一体化的模式下指定居所监视居住的内部监督几乎流于形式,所以在不断完善指定居所监视居住内部监督的同时,更要注重外部监督的制度健全。保障辩护律师的辩护权以及犯罪嫌疑人家属对指定居所监视居住的知情权,保障其申诉、控告权。此外,还应当发挥人民监督员的作用。① 对监视居住措施的监督目的在于保障刑事诉讼顺利进行的同时,加强对犯罪嫌疑人、被告人的权利保障,避免犯罪嫌疑人、被告人在被监视居住期间的人身自由权等受到侵犯。还有的学者指出,对监视居住的监督机制不完善,监视居住的实践效果不明显。虽然《高检规则》第 120 条规定,对于公安机关、人民法院决定指定居所监视居住的案件,由人民检察院负责刑事执行检察的部门对指定居所监视居住的执行活动是否合法实行监督。但是,在司法实践中由于监督机制不健全,信息流通不及时、不平衡,再加上对侦查保密等方面的考虑,侦查监督部门和监所监察部门很难及时参与到指定居所的监督过程中,检察机关内部机构之间的监督沦为形式,效果不明显。② 监督机制不明显是监视居住措施中最为明显的缺陷,检察机关对监视居住特别是指定居所监视居住的监督,在很大程度上不能达到理想效果。因此,在对指定居所监视居住的监督中,应当切实完善指定居所监视居住的监督制约机制,上级检察院侦查部门在收到下级检察院提请指定居所监视居住报告的同时,应当将副本抄送本院侦查监督部门,依法对指定居所监视居住的决定是否合法实行监督。在执行中,应当建立指定居所监视居住案件动态跟踪机制,让检察院能够及时行使监督权,了解案件情况。③

　　还有的学者指出,我国监视居住的解除机制不甚畅通,刑事诉讼法在对监视居住进行修改时,没有明确监视居住措施的解除机制,导致司法实践中司法机关往往是执行时作出决定,而解除时却不作出决定。④ 提出该观点的学者建议,应当

① 谢小剑等:《检察机关适用指定居所监视居住的实证分析》,《海南大学学报人文社会科学版》2014 年第 5 期,第 81-82 页。

② 周茂玉、吴杨泽:《检察机关指定居所监视居住实证考察及完善建议》,《人民检察》2014 年第 12 期,第 55 页。

③ 周茂玉、吴杨泽:《检察机关指定居所监视居住实证考察及完善建议》,《人民检察》2014 年第 12 期,第 56 页。

④ 汪建成、胡星昊:《论监视居住制度的司法完善》,《中国刑事法杂志》2013 年第 6 期,第 59-60 页。

建立违规监视居住的程序性制裁机制。对在监视居住中违反相关规定,对被监视居住人变相羁押、超期羁押、侵犯公民诉讼权利的,应当给予相应的程序性制裁。笔者认为,程序性法律后果承担机制在我国还没有完全建立起来,虽然非法证据排除规则等机制已经建立,但是,我国刑事司法实践要想真正地实现程序性制裁,还需要做出很大的努力。尽管如此,违反监视居住规定造成被监视居住人的合法权益遭受侵犯的,应当规定决定机关和执行机关应承担的后果,既包括实体方面的后果,也包括程序方面的不利后果。

第六章

技术侦查措施研究

技术侦查是 2012 年刑事诉讼法修改时增加的规定,技术侦查措施的规定使得侦查机关在适用该类措施时具有了法律依据。对技术侦查措施的研究长期存在。对技术侦查措施如何规定?技术侦查措施的适用范围止于何处?技术侦查措施的种类有哪些?技术侦查措施是否应当有期限的限制?这一系列的问题都是理论界研究的重点。特别是在技术侦查措施入法之后,理论界和实务界对技术侦查措施的关注更加频繁。

第一节 技术侦查措施的法律规定

技术侦查措施有广义和狭义之分,广义的侦查措施包括利用科学技术手段侦查(狭义技术侦查)、乔装侦查以及控制下交付。狭义技术侦查是指在办理刑事案件中,侦查机关依法运用相关科学技术通过秘密的方式收集证据、查明案情的主动性侦查措施。[1] 本章涉及的技术侦查措施是指狭义的技术侦查措施。很多文件中都有关于技术侦查的规定,包括作为基本法律的《刑事诉讼法》,也包括相关司法解释,还包括相关报告等。虽然有些文件不属于正式的法律文件,但是,对技术侦查措施的讨论体现了国家机关对该问题的重视。

---

[1] 王东:《技术侦查的法律规制》,《中国法学》2014 年第 5 期,第 274 页。

一、技术侦查措施规定概览

2008 年 10 月 7 日《全国人民代表会议内务司法委员会关于第十一届全国人民代表大会第一次会议主席团交付审议的代表提出的议案的审议意见》中指出，有代表针对技术侦查措施提出意见,傅延华等 30 名代表提出的关于制定技术侦查法的议案 1 件(第 336 号)。议案建议制定技术侦查法及相关实施条例,明确主体、程序、手段、目的,并赋予检察机关相应的技术侦查权。公安部认为,有必要通过立法对技术侦查予以规范,妥善处理打击犯罪与保障人权的关系,对技术侦查措施的行使主体、适用范围、审批和实施程序,特别是通过技术侦查获取的证据的采信和使用等作出明确、操作性强的规定。国家安全部认为,开展技术侦查立法工作要严格遵照中央的有关政策文件和现有法律规定,建议立法机关在修改刑事诉讼法时予以考虑。

2008 年 10 月 28 日由第十一届全国人民代表大会常务委员会第五次会议通过的《全国人民代表大会内务司法委员会关于第十一届全国人民代表大会第一次会议主席团交付审议的代表提出的议案审议结果的报告》中对代表们的提议进行了阐述,针对代表提出的技术侦查问题予以回应,第 21 条指出,技术侦查是发现、控制和防范隐蔽犯罪活动、获取犯罪证据必不可少的重要手段。国家安全机关和公安机关应全面总结多年来依法开展技术侦查工作的实践经验,规范技术侦查措施的使用和管理,规范执法行为。建议在修改刑事诉讼法时对代表议案中提出的相关问题予以研究。从人民代表大会的代表提议以及报告中就可以看出,技术侦查措施在多年以前就已经引起了人大代表的注意,在社会和学界的讨论时间应该更早。因此,技术侦查措施纳入刑事诉讼法的规范内是经过长时间努力的结果,也是刑事诉讼发展的必然结果。

《刑事诉讼法》第二编第二章第八节规定了技术侦查措施,该节规定的技术侦查措施是广义的技术侦查措施,包括了秘密侦查和控制下交付。其中,第 150 条规定了公安机关和人民检察院可以适用技术侦查措施的案件范围;第 151 条规定了技术侦查措施的期限;第 152 条规定了技术侦查措施的实施;第 154 条规定了使用技术侦查措施获取的材料的证据效力。除《刑事诉讼法》的规定外,最高人民检察院和公安部也相继出台了本部门关于技术侦查措施的规定。

二、技术侦查措施的案件范围

公安机关在立案之后,对危害国家安全犯罪、恐怖活动犯罪、黑社会性质组织犯罪、重大毒品犯罪以及其他严重危害社会的犯罪案件,根据侦查犯罪的需要,可以采取技术侦查措施。人民检察院在立案之后,对重大贪污贿赂犯罪案件以及利用职权实施的严重侵犯公民人身权利的重大犯罪案件,根据侦查犯罪的需要,经过严格的审批手续,可以采取技术侦查措施,按照规定交有关机关执行。为追捕被通缉或者批准、决定逮捕的在逃的犯罪嫌疑人、被告人,经过批准,可以采取追捕所必需的技术侦查措施。总的来看,技术侦查措施在我国目前的适用范围包括:危害国际安全犯罪、恐怖活动犯罪、黑社会性质组织犯罪、重大毒品犯罪、重大贪污贿赂犯罪案件、利用职权实施的严重侵犯公民人身权利的重大犯罪案件、其他严重危害社会的犯罪案件、被通缉或者批准、决定逮捕的在逃的犯罪嫌疑人、被告人,案件范围通过罪名列举的方式予以规定。

《公安部规定》第263条规定,公安机关在立案后,根据侦查犯罪的需要,可以对下列严重危害社会的犯罪案件采取技术侦查措施:危害国家安全犯罪、恐怖活动犯罪、黑社会性质的组织犯罪、重大毒品犯罪案件;故意杀人、故意伤害致人重伤或者死亡、强奸、抢劫、绑架、放火、爆炸、投放危险物质等严重暴力犯罪案件;集团性、系列性、跨区域性重大犯罪案件;利用电信、计算机网络、寄递渠道等实施的重大犯罪案件,以及针对计算机网络实施的重大犯罪案件;其他严重危害社会的犯罪案件,依法可能判处七年以上有期徒刑的。公安机关追捕被通缉或者批准、决定逮捕的在逃的犯罪嫌疑人、被告人,可以采取追捕所必需的技术侦查措施。第264条规定,技术侦查措施是指由设区的市一级以上公安机关负责技术侦查的部门实施的记录监控、行踪监控、通信监控、场所监控等措施。技术侦查措施的适用对象是犯罪嫌疑人、被告人以及与犯罪活动直接关联的人员。第265条规定,需要采取技术侦查措施的,应当制作呈请采取技术侦查措施报告书,报设区的市一级以上公安机关负责人批准,制作采取技术侦查措施决定书。人民检察院等部门决定采取技术侦查措施,交公安机关执行的,由设区的市一级以上公安机关按照规定办理相关手续后,交负责技术侦查的部门执行,并将执行情况通知人民检察院等部门。第267条规定,采取技术侦查措施,必须严格按照批准的措施种类、适用对象和期限执行。在有效期限内,需要变更技术侦查措施种类或者适用对象的,应当按照本规定第265条规定重新办理批准手续。

《高检规则》第227条规定,人民检察院在立案后,对于利用职权实施的严重侵犯公民人身权利的重大犯罪案件,经过严格的批准手续,可以采取技术侦查措施,交有关机关执行。第228条规定,人民检察院办理直接受理立案侦查的案件,需要追捕被通缉或者批准、决定逮捕的在逃的犯罪嫌疑人、被告人的,经过批准,可以采取追捕所必需的技术侦查措施,不受本规则第227条规定的案件范围的限制。

虽然对上述几类规定了适用技术侦查措施,但是,侦查机关适用技术侦查措施也需要受到诸多条件的限制。对此,《刑事诉讼法》及相关司法解释都作出了规定。对技术侦查措施的限制适用主要包括以下几个方面。第一,侦查机关适用技术侦查措施必须坚持必要性原则。必要性原则是指技术侦查措施的适用应当以犯罪的严重性为基础,只有达到足够严重程度时才可以适用技术侦查措施。第二,技术侦查措施的适用必须遵循程序法定原则。程序法定原则要求,适用技术侦查措施时,应当严格按照法律规定的程序进行,并且需要经过严格的批准手续才可适用。第三,技术侦查措施的适用范围法定。由于技术侦查措施由刑事诉讼法规定不久,在司法实践中还需要适应一段时间,因此,对技术侦查措施的适用范围应当严格按照法律规定适用。

三、技术侦查措施的期限

技术侦查措施的适用应当经过严格的批准手续,批准决定自签发之日起3个月内有效。对于不需要继续采取技术侦查措施的,应当及时解除。同时,技术侦查措施的期限可以延长,对于疑难复杂案件,期限届满仍有必要继续采取技术侦查措施的,经过批准,有效期限可以延长,但是每次延长不得超过3个月。对技术侦查期限的规定没有做出上限的限制,在必要的时候可以多次延长有效期限。对于没有必要继续进行技术侦查的,侦查机关也应当及时解除技术侦查,保障被侦查人的个人隐私。

《公安部规定》第266条规定,批准采取技术侦查措施的决定自签发之日起3个月以内有效。在有效期限内,对不需要继续采取技术侦查措施的,办案部门应当立即书面通知负责技术侦查的部门解除技术侦查措施;负责技术侦查的部门认为需要解除技术侦查措施的,报批准机关负责人批准,制作解除技术侦查措施决定书,并及时通知办案部门。对复杂、疑难案件,采取技术侦查措施的有效期限届满仍需要继续采取技术侦查措施的,经负责技术侦查的部门审核后,报批准机关负责人批准,制作延长技术侦查措施期限决定书。批准延长期限,每次不得超过3个月。有效期限届满,负责技术侦查的部门应当立即解除技术侦查措施。

《高检规则》第229条规定,人民检察院采取技术侦查措施应当根据侦查犯罪的需要,确定采取技术侦查措施的种类和适用对象,按照有关规定报请批准。批准决定自签发之日起3个月以内有效。对于不需要继续采取技术侦查措施的,应当及时解除;对于复杂、疑难案件,期限届满仍有必要继续采取技术侦查措施的,应当在期限届满前10日以内制作呈请延长技术侦查措施期限报告书,写明延长的期限及理由,经过原批准机关批准,有效期可以延长,每次不得超过3个月。采取技术侦查措施收集的材料作为证据使用的,批准采取技术侦查措施的法律决定文书应当附卷,辩护律师可以依法查阅、摘抄、复制。

四、技术侦查措施的实施

采取技术侦查措施的,应当严格按照批准的种类、适用对象以及期限执行,不得任意实施。侦查人员负有保密的义务,在采取技术侦查过程中,对知悉的国家秘密、商业秘密和个人隐私,应当保密,不得予以泄露。对于技术侦查措施获得的材料,如果是与本案无关的材料,则应当及时销毁,并且采取技术侦查措施获取的材料只能用于对犯罪的侦查、起诉和审判,不得用于其他用途。此外,侦查机关以外的其他人,在侦查机关采取技术侦查措施时负有配合的义务,并且对知悉的案件情况予以保密。

《公安部规定》第268条规定,采取技术侦查措施收集的材料在刑事诉讼中可以作为证据使用。使用技术侦查措施收集的材料作为证据时,可能危及有关人员的人身安全,或者可能产生其他严重后果的,应当采取不暴露有关人员身份和使用的技术设备、侦查方法等保护措施。采取技术侦查措施收集的材料作为证据使用的,采取技术侦查措施决定书应当附卷。第270条规定,侦查人员对采取技术侦查措施过程中知悉的国家秘密、商业秘密和个人隐私,应当保密。公安机关依法采取技术侦查措施,有关单位和个人应当配合,并对有关情况予以保密。

《高检规则》第 230 条规定,采取技术侦查措施收集的物证、书证及其他证据材料,侦查人员应当制作相应的说明材料,写明获取证据的时间、地点、数量、特征以及采取技术侦查措施的批准机关、种类等,并签名和盖章。对于使用技术侦查措施获取的证据材料,如果可能危及特定人员的人身安全、涉及国家秘密或者公开后可能暴露侦查秘密或者严重损害商业秘密、个人隐私的,应当采取不暴露有关人员身份、技术方法等保护措施。在必要的时候,可以建议不在法庭上质证,由审判人员在庭外对证据进行核实。第 231 条规定,检察人员对采取技术侦查措施过程中知悉的国家秘密、商业秘密和个人隐私,应当保密;对采取技术侦查措施获取的与案件无关的材料,应当及时销毁,并对销毁情况制作记录。

五、技术侦查措施获得材料的证据效力

前文已述,对采取技术侦查措施获得的材料只能用于对犯罪的侦查、起诉和审判,不得用于其他用途,这是法律对侦查人员提出的不得用作其他用途的义务。也就是说,采取技术侦查措施获取的材料可以在刑事诉讼作为证据使用。但是,如果使用该证据对有关人员的人身安全会产生危害,或者可能产生其他后果的,应当采取不暴露有关人员身份、技术方法等保护措施使用该证据。在必要的时候,可以由审判人员在庭外对证据进行核实。

《公安部规定》第 269 条规定,采取技术侦查措施收集的材料,应当严格依照有关规定存放,只能用于对犯罪的侦查、起诉和审判,不得用于其他用途。采取技术侦查措施收集的与案件无关的材料,必须及时销毁,并制作销毁记录。

《高检规则》第 231 条规定,检察人员对采取技术侦查措施过程中知悉的国家秘密、商业秘密和个人隐私,应当保密;对采取技术侦查措施获取的与案件无关的材料,应当及时销毁,并对销毁情况制作记录。采取技术侦查措施获取的证据、线索及其他有关材料,只能用于对犯罪的侦查、起诉和审判,不得用于其他用途。

最高人民法院、最高人民检察院、公安部、国家安全部、司法部、全国人大常委会、法制工作委员会发布《关于实施刑事诉讼法若干问题的规定》第 20 条规定,根据刑事诉讼法规定,批准决定应当根据侦查犯罪的需要,确定采取技术侦查措施的种类和适用对象,采取技术侦查措施收集的材料作为证据使用的,批准采取技术侦查措施的法律文书应当附卷,辩护律师可以依法查阅、摘抄、复制,在审判

过程中可以向法庭出示。

第二节 学界研究的问题梳理

技术侦查问题在学界已经经过了长时间的研究,对该问题的研究已经促成我国《刑事诉讼法》修改时吸纳了技术侦查问题的规定,虽然规定的内容有些粗略,但是这是我国学界对技术侦查研究的结果。

一、技术侦查遵循的原则

技术侦查措施的实施具有高度隐秘性,同时,也与公民隐私权的保护相冲突,在很大意义上侵犯犯罪嫌疑人、被告人甚至一般公民的隐私权。因此,很多国家在规定技术侦查措施时,都是严格限制适用技术侦查措施。技术侦查的理论性问题主要是指技术侦查措施应当遵守的程序性原则。在技术侦查中应当坚持以下原则。第一,适用范围特定原则。很多学者在对我国的技术侦查措施进行研究时,都主张将适用范围限定在一定的范围内。徐静村教授主张,技术侦查措施应当适用于以下案件:危害国家安全犯罪案件、危害国防利益犯罪案件、毒品犯罪案件、有组织犯罪案件、恐怖活动犯罪案件以及法定最低刑为 3 年以上有期徒刑的犯罪案件。[1] 陈光中教授指出,对于危害国家安全犯罪,走私犯罪,伪造货币或者其他有价证券犯罪,走私、贩卖、运输、制造毒品犯罪,组织、领导、参加黑社会性质组织犯罪,组织、领导、参加恐怖组织以及其他严重危害社会公共安全的犯罪,在使用其他侦查手段难以取得证据或者有重大危险时,可以对犯罪嫌疑人以及有关通讯进行监听。[2] 两位权威专家在 21 世纪初就已经提出了对技术侦查措施进行限制适用的观点,将技术侦查限制在特定案件范围内。

第二,必要性原则。必要性原则属于比例原则的一个分支,是指技术侦查手段的使用以犯罪具备一定严重性程度为前提,如果犯罪达不到严重性的程度,则

---

[1] 徐静村:《中国刑事诉讼法(第二修正案)学者拟制稿及立法理由》,北京:法律出版社,2005年,第 162 页。

[2] 陈光中:《中华人民共和国刑事诉讼法再修改专家建议稿与论证》,北京:中国法制出版社,2006 年,第 455 页。

不需要采取技术侦查措施。① 还有的学者认为必要性原则也可以称为"最后手段原则",在考虑采用技术侦查措施时,技术侦查措施具有补充性,应当在最后作考虑。② 兰跃军教授提出,技术侦查措施必须遵循最后手段原则,对技术侦查措施的适用应当限制适用范围。③ 认可该原则的学者都认为技术侦查措施的适用应当作为最终的方式来侦查,如果有其他可替代性措施,则不能适用技术侦查措施。有的学者指出技术侦查所求目的与手段运用上应当具有比例性或相当性关系,避免过度干预公民权利。④ 因此,技术侦查措施应当作为最后手段予以适用,对其他侦查行为具有补充性。田宏杰教授在对诱惑侦查进行研究时提出了诱惑侦查的比例原则,笔者认为田教授对此的论述同样适用于普通技术侦查措施,其指出:"诱惑侦查如果是针对任何案件,极易可能成为针对一般公众的'品德测试'的工具,必然丧失其正当性的基础,因此其定位只能是一种不得已而为之的'以恶对恶'的手段,针对的是极端的反社会行为,能让一般公众普遍感受诱惑侦查产生的'效益'要远远大于其付出的'成本'"。⑤ 比例性原则不仅应当出现在诱惑侦查中,在普通技术侦查措施适用中也应当坚持比例性原则。

第三,相关性原则。技术侦查行为只能针对被指控人及相关人员实施,同时,技术侦查的范围应当限制在与侦查目的有关的内容上。有的学者指出,"相关性原则可以分为以下几个方面:与特定的犯罪行为相关、与特定犯罪嫌疑人有关、与特定的地点或设备有关"。在运用相关性原则时,还应当考虑对一些特殊认识和地点予以特别的保障,主要涉及特殊认识的通讯权以及公民的住宅安宁权。⑥ 此外,该学者还提出,技术侦查措施的批准环节应当坚持重罪原则。把握重罪原则关键在于两个方面:一是从立法宗旨上讲,要考察社会的犯罪形式,权衡侦查的成本和收益,合理的界定重罪范围;二是从操作层面明确重罪的类型标准和刑度标准。

① 王东:《技术侦查的法律规制》,《中国法学》2014 年第 5 期,第 274 页。

② 陈卫东:《刑事诉讼法理解与适用》,北京:人民出版社,2012 年,第 305 页。

③ 兰跃军:《比较法视野中的技术侦查措施》,《中国刑事法杂志》2013 年第 1 期,第 68 页。

④ 宋远升:《刑事侦查的行为视角》,北京:中国人民公安大学出版社,2008 年,第 111 页。

⑤ 田宏杰:《诱惑侦查的正当性及其适用限制》,《政法论坛》2014 年第 3 期,第 122 页。

⑥ 孙煜华:《何谓"严格的批准手续"——对我国刑事诉讼法技术侦查条款的合宪性解读》,《环球法律评论》2013 年第 4 期,第 46 页。

在上述原则之外,有的学者提出了"事前许可原则",认为采取技术侦查措施必须严格按照批准的措施种类、适用对象和期限执行,侦查机关不仅不能随意扩大适用技术侦查措施的范围,同时还需要严格遵守有关的审批和执行程序,从适用范围、条件、方式、期限和执行等各方面体现技术侦查措施运用中的程序法定原则。① 该学者提出的事前许可原则与前面论述的范围特定原则以及必要性原则存在交叉,事前审查将会涉及技术侦查适用范围和侦查必要性的问题。

二、技术侦查措施的适用条件

关于技术侦查的条件,我国《刑事诉讼法》及相关司法解释都作出了明确规定,有的学者也对此进行了研究。有的学者指出,技术侦查的适用条件应当包括实体性规制和程序性规制两个方面。实体性规制主要表现为对技术侦查使用的对象、时机和期限在法律上予以明确的规定,具体包括适用对象的有限性、适用时机的恰当性和适用期限的严控型三个方面。对技术侦查措施的程序性规制是对其予以过程监管,包括事前审批、事中管控和事后监督等一系列的措施。② 此外,还有的学者除在上述两个方面进行阐述外,还对技术侦查措施的侵权救济进行了研究,该学者指出,为了防止技术侦查措施的实施人员歪曲或者篡改原意或原貌,在技术侦查措施实施结束时,当事人应当被告知采取技术侦查措施的有关情况,以便其核对情况是否属实并提出异议,主张损害赔偿,申请排除非法证据等。③ 该内容主要从技术侦查机关的告知义务以及被侦查人员的异议权和请求赔偿权三个方面进行了阐述,应当属于对技术侦查措施使用的事后监督。

有的学者认为,技术侦查措施应当具有严密的审批手续,因为技术侦查措施是一种极可能侵犯公民基本权利的秘密侦查措施,为了防止该措施被滥用,应当对技术侦查措施的审批手续进行严格规定,虽然刑事诉讼法中作出了明确规定,但是所有限制性条件的作用发挥还依赖于技术侦查措施的审批手续,审批手续应

---

① 詹建红:《理论共识与规则细化:技术侦查措施的司法适用》,《法商研究》2013 年第 3 期,第 44 页。

② 王东:《技术侦查的法律规制》,《中国法学》2014 年第 5 期,第 275-277 页。

③ 兰跃军:《比较法视野中的技术侦查措施》,《中国刑事法杂志》2013 年第 1 期,第 70 页。

当成为整个技术侦查程序的核心。① 陈卫东教授在对侦查措施的论述中也指出了审批手续的重要性,"没有审批程序的保护,秘密侦查的立法就会异化为单纯的授权立法,这种单向度的立法取向如果不加以适度控制,带来的必将是对公民隐私权的严重挑战。"② 对刑事诉讼法中规定的技术侦查的批准手续问题,孙煜华博士指出了存在的不足,认为我国技术侦查措施批准手续的规定存在以下问题:批准的内容不明确、批准的主体不明确以及批准的程序不明确。对何为重大犯罪没有给出明确的标准,虽然人民检察院的规则中界定了"重大犯罪"的范围,但是仍然未做到完全列举。《刑事诉讼法》第150条规定的技术侦查执行主体并不是该措施的批准主体,这就导致批准主体不明确的问题。同时,对"疑难、复杂"等模糊性术语也没有进行解释,导致批准程序不明确问题突出。③

万毅教授在对技术侦查的基础性概念进行研究时指出,"技术侦查措施""乔装侦查措施"等基础概念不明,将无从判断批准程序的适用对象和范围。如果立法不对技术侦查进行明确界定,既可能造成应当采取技术侦查措施而没有采取,对公民的权利造成极大威胁,也可能导致无须经过批准直接使用的侦查手段经过复杂的批准手续。④ 因此,对技术侦查的基本概念的厘清将是技术侦查审批的前提条件。胡铭教授则指出,对技术侦查的适用范围的规定还存在两个尚待明确和研究的问题:一是对不同的罪名,没有区分对于各种情况适用技术侦查的具体措施;二是现有规定仅仅规定了使用的罪名,而没有明确技术侦查针对的具体对象,没有规定是以案件为对象还是以人作为对象。⑤ 除上述问题外,刘方权教授指出,追逃中的技术侦查措施将案件类型的限制基本架空,只要是为了追捕被通缉或者被批准决定逮捕的在逃犯罪嫌疑人、被告人,经过批准,侦查机关可以采取追捕所

---

① 孙煜华:《何谓"严格的批准手续"——对我国刑事诉讼法技术侦查条款的合宪性解读》,《环球法律评论》2013年第4期,第34页。

② 陈卫东:《推进侦查权配置的法治化》,《法制资讯》2011年第9期,第70页。

③ 孙煜华:《何谓"严格的批准手续"——对我国刑事诉讼法技术侦查条款的合宪性解读》,《环球法律评论》2013年第4期,第35页。

④ 万毅:《解读"技术侦查"与"乔装侦查"——以〈刑事诉讼法修正案〉为中心的规范分析》,《现代法学》2012年第6期,第181页。

⑤ 胡铭:《技术侦查:模糊授权抑或严格规制》,《清华法学》2013年第6期,第39-40页。

必要的技术侦查措施,这就使得技术侦查措施的案件范围限制失去存在的意义。①

三、技术侦查措施的期限问题

技术措施的期限问题是具有重要价值的问题,在采取技术侦查措施时,如果对期限规定不明或者对期限没有进行限制,那么对犯罪嫌疑人、被告人的权利将可能造成损害,不利于技术侦查措施的贯彻适用。

对技术侦查措施的期限,有的学者对各国的技术侦查措施的期限进行了概括,指出英国采用技术侦查措施的期限在通讯截取、侵入监控以及干预财产监控等方面具有明确规定,一般为 3 个月,并且可以延长;法国对电讯截留的期限作出规定,最长为 4 个月,如果需要继续截留的应当按照同样的条件、方式和期限重新做出决定;意大利法律规定,窃听的时间不得超过 15 日,法官在具有合理理由时可以采取附理由的形式将期限延长,但是每次延长期限最长不得超过 15 日;德国对电讯的监视 3 个月之内有效,如果具有继续进行监视的条件,则监视的期限不得超过 3 个月;在荷兰,采取监听的令状在 4 个星期内有效,超过 4 个星期还需要监听的,则可以延长 4 周,但是延长的机会只有 1 次。②

四、技术侦查中的保密原则

涉密性是技术侦查措施最为典型的特征之一,对于在技术侦查过程中获得的材料的使用,刑事诉讼法规定了保密原则,即对收集的材料可能涉及国家秘密、侦查秘密或者严重损害商业秘密、个人隐私的,应当采取不暴露技术设备、侦查方法等保护措施,必要的时候可以由审判人员在庭外对证据进行核实。

有的学者在对技术侦查措施的保密原则进行阐述时提出,刑事诉讼法基于保护秘密侦查员等有关人员,防止公开调查危及其人身安全,规定了秘密侦查人员可以在庭外作证的方式。不过,审判人员在庭外核实证据时,应当通知检察人员和辩护人、诉讼代理人到场,并按规定签订保密协议。③对于侦查人员在技术侦查中获取的案件信息,涉及国家秘密、个人隐私与商业秘密的,侦查人员应当坚持保密原则,不得将相关信息随意透露,更不得从事其他不法行为,对被调查人以及其

---

① 刘方权:《突破与缺憾:技术侦查制度评析》,《四川警察学院学报》2012 年第 6 期,第 4 页。

② 胡铭:《英法德荷意技术侦查的程序性控制》,《环球法律评论》2013 年第 4 期,第 9-15 页。

③ 兰跃军:《比较法视野中的技术侦查措施》,《中国刑事法杂志》2013 年第 1 期,第 74 页。

他人员造成伤害的应当追究相应责任。

对保密原则,有的学者将其作为技术侦查措施的一项原则进行阐述,认为其是技术侦查过程中应当坚持的原则。詹建红教授认为,"技术侦查措施的使用不仅与当事人隐私权的关系极为紧密,甚至还有可能涉及有关的商业秘密甚至国家秘密,因此,不仅程序的启动与实施过程中往往需要保密,对所取得的相关材料或涉及的有关人员也需要采取安全保密措施"。①此外,在技术侦查过程中,承担保密义务的主体不仅包括侦查人员,还包括审判人员以及其他知情人员。

还有的学者研究了职务犯罪案件中隐匿身份侦查的问题,该学者指出,秘密性原则应当从三个方面贯彻:第一,在侦查机关内部,侦查人员及相关辅助工作人员应当具备极强的保密意识;第二,对侦查机关外部而言,侦查人员及其辅助力量进行侦查必须在秘密状态下进行,不得擅自公开相关侦查行为;第三,对特情侦查而言,侦查人员应当严格管理特情人员。②虽然该学者主要是对职务犯罪案件中的侦查人员隐匿身份侦查的保密原则进行阐述,但是,关于保密原则的内容应当同样适用于一般技术侦查措施。对技术侦查过程中获得的材料作为证据时,侦查人员应当在特定情况下做好保密义务。

我国台湾地区《刑事诉讼法》规定了侦查措施的各项原则,其中,第245条第一项规定:"侦查,不公开之"。对于侦查不公开的目的,有的学者提出,避免泄密妨害侦查进行,不能追诉犯罪;同时也是维护被害人、犯罪嫌疑人、亲属以及相关人员的基本人权。③对侦查权的不公开原则就是保密原则,技术侦查中的保密原则是普通侦查措施保密原则的特殊情况,因侦查方式的不同而使保密原则的具体情况存在差异。

五、技术侦查中获得材料的证据适用

技术侦查措施的证据适用主要是指技术侦查的启动标准以及在技术侦查过程中获得的证据如何进行证据适用的问题。前一问题不属于严格意义上的技术

---

① 詹建红:《理论共识与规则细化:技术侦查措施的司法适用》,《法商研究》2013年第3期,第44页。

② 张云霄:《职务犯罪案件隐匿身份侦查的使用原则和措施完善》,《人民检察》2015年第1期,第73页。

③ 傅美惠:《侦查法学》,台湾:元照出版公司,2011年,第65-66页。

侦查措施中的证据适用问题，只能是技术侦查措施的启动证明标准。后一问题才属于严格意义上技术侦查措施中的证据适用问题。

对技术侦查措施的启动标准，有的学者提出了技术侦查措施的最低标准，该学者认为《刑事诉讼法》第150条规定的满足立案标准的技术侦查标准以及第109条规定的"为发现犯罪事实或嫌疑人"的标准适合我国的技术侦查措施启动标准，既能防止技术侦查措施的恣意使用，同时还符合技术侦查的用途特征。① 还有的学者对国外技术侦查措施的启动标准进行介绍，孙长永教授对日本监听的启动标准进行了介绍，认为日本监听程序的启动标准是"有充分的理由"。② 兰跃军教授在对技术侦查的条件进行阐述时提出了技术侦查的启动标准，认为合理怀疑是技术侦查措施的适用条件之一，即合理怀疑应当是启动技术侦查的标准。技术侦查措施应当适用于"高度犯罪嫌疑人、被指控人以及有证据证明被指控人存在密切关联的其他人员"。③

技术侦查过程中获得材料的证据适用问题，又称为证据的可采性问题，是指技术侦查所获材料的证据能力、证据的使用、证据的审查判断等方面作出的相应规定，以能否最终作为证明犯罪的证据在诉讼中使用规制技术侦查。有的学者从五个方面对证据的可采性规制进行了研究。第一，在证据可采性方面，各国一般都规定采用技术侦查获得的材料可以作为证据使用，同时也都规定了技术侦查的非法证据排除规则，即如果违反限制技术侦查的核心规定会导致排除非法证据。第二，我国刑事诉讼法规定了技术侦查措施的有限公开原则，这既是技术侦查措施证据使用方面的规定，同时也是技术侦查保密性的规定。我国的技术侦查的有限公开原则包括两层意思：一是证据公开范围受限，二是证据公开程度受限。第三，从证据公开的范围上来看，通过技术侦查获得的材料是否作为证据使用或其使用的范围，均由公安机关或检察机关自行决定。但是，通过技术侦查获得的材料无论是否作为证据使用，采取技术侦查决定书都应当附卷。第四，现行法律规定了技术侦查措施获得材料公开使用的程度问题，对适用技术侦查措施获得的录音、录像等资料，能公开使用的就可以公开使用，但是对涉密的材料，应当在不暴

---

① 王东：《技术侦查的法律规制》，《中国法学》2014年第5期，第276页。

② 孙长永：《侦查程序与人权》，北京：中国方正出版社，2000年，第154页。

③ 兰跃军：《比较法视野中的技术侦查措施》，《中国刑事法杂志》2013年第1期，第69页。

露技术设备、侦查方法的情况下使用。第五,技术侦查在某种程度上是以侵害公民个人隐私的方式收集证据,故应当适用更为严格的非法证据排除规则。[①]

万毅教授同样指出,对技术侦查措施的基本概念的模糊规定将无法确定所获取材料的证据能力,在其论文中,特别对心理测试进行了阐述,由于心理测试在刑事诉讼法中的定位不明确,在理论上具有争议,造成侦查机关在侦查过程中采用心理测试的方式获得的材料即测谎结论的证据能力成为问题。立法上不对技术侦查措施的内涵和外延进行界定,造成司法实务中无从判断所收集证据的证据能力。[②] 此外,还有的学者也表现出技术侦查措施使用的一些担忧,认为非法证据排除规则的制约作用在技术侦查中是有限的,特别是技术侦查材料未被当作证据使用时。因此,"不能完全指望运用非法证据排除规则来审查技术侦查材料,对于那些没有进入审判程序的技术侦查,仍然少不了严格的事前审批手续"。[③] 对监听侦查获得的材料作为证据使用的问题,有的学者指出,监听侦查所得证据不得游离于法治之外,必须接受正当法律程序的检验,对违反法定程序获得的材料应当通过非法证据排除规则予以排除,我国的技术侦查措施正是缺乏这种非法证据排除规则的规制。[④]

第三节　我国技术侦查措施的完善发展

技术侦查措施的规定作为刑事诉讼法的最新组成部分,在司法实践中还存在需要完善的地方。虽然很多学者进行了长时间的研究,并且在司法实践中,技术侦查措施曾经存在很多年,但是,随着技术侦查措施的入法,有更多的问题需要我们进行进一步的研究。《刑事诉讼法》规定的技术侦查措施,正如很多学者指出的,还存在很多的问题,如适用范围的不明确、技术侦查措施概念的不明确等,这些问题都需要我们在实践与理论之间进行探索,不断取得进步。如本章第一部分

---

① 王东:《技术侦查的法律规制》,《中国法学》2014 年第 5 期,第 282 页。

② 万毅:《解读"技术侦查"与"乔装侦查"——以〈刑事诉讼法修正案〉为中心的规范分析》,《现代法学》2012 年第 6 期,第 181-182 页。

③ 孙煜华:《何谓"严格的批准手续"——对我国刑事诉讼法技术侦查条款的合宪性解读》,《环球法律评论》2013 年第 4 期,第 38 页。

④ 曾赟:《监听侦查的法治实践:美国经验与中国路径》,《法学研究》2015 年第 3 期,第 170 页。

所述,我国技术侦查措施规定在《刑事诉讼法》侦查措施一章的第八节,主要包括技术侦查措施的适用情形、技术侦查措施的期限、技术侦查措施的保密义务以及技术侦查措施获得材料的证据效力。

一、采取技术侦查措施应当遵循的原则

如前文所述,很多学者对采取技术侦查措施应当遵循的原则进行了系统研究,如比例性原则,又包括必要性原则、侵犯最小原则和最后手段原则;再如重罪原则、相关性原则、保密原则等。对技术侦查使用中系列原则的规定既能够保障刑事案件得到及时侦查,同时还能够保障侦查过程中避免对被侦查人员造成不必要的损害。

首先,技术侦查应当遵循法定原则。法定原则是指技术侦查措施的采用应当严格依据法律的规定进行,包括适用案件范围、技术侦查的限度、手段以及期限和证据使用等问题。技术侦查法定原则对保障刑事诉讼的顺利进行,以及保障刑事诉讼过程中当事人的合法权益,避免侦查人员滥用权力具有非常重要的价值。有的学者将法定原则称为"法律保留原则",法律保留原则应当是一个行政法学上的概念,是指行政机关行使职权需要立法机关通过有效法律授权,如果没有法律的有效授权,行政机关不能对外进行行政管理并作出行政行为。[①] 法律保留原则包括形式性法律保留原则和实体性法律保留原则。形式性法律保留原则要求国家采取干预公民基本权利的行为时,必须有法律授权的依据。实体性法律保留原则是指干预公民基本权利的行为必须获取"有效法律"的有效授权。因此,技术侦查措施的采取只有在有法律规定的条件下才可以实施,没有法律规定的不得实施。

其次,技术侦查应当遵循必要性原则。并不是所有由法律规定可以采取技术侦查措施的案件都一定会采取技术侦查措施,只有在符合必要性条件时,才可以采取技术侦查措施。在侦查机关可以通过其他手段进行侦查、解决案件时,就应当采取其他手段,而不能采取侵犯个人权利程度更为严重的技术侦查措施。同时,必要性原则结合比例原则最能保障技术侦查措施的合法采取。如果国家机关为了追求侦查犯罪的诉讼目的,采取严重侵犯个人权利的行为,则该技术侦查措施

---

① 万毅、艾明、刘宁等:《盘查程序研究》,上海:上海三联书店,2015 年,第 55 页。

的采取将没有任何价值。对采取技术侦查保护的法益不得超过因采取技术侦查措施给被侦查人造成的损害,如果造成了损害,则技术侦查措施的采用将会得不偿失。

最后,技术侦查应当遵循保密原则。技术侦查最典型的特征就是秘密性,此处的秘密性不仅包括《刑事诉讼法》规定的对涉及国家秘密、个人隐私以及商业秘密的案件不得随意泄漏,同时也包括技术侦查措施采取过程中一般技术侦查行为的秘密性。侦查机关工作人员对侦查过程中知悉的相关秘密应当恪守保密义务,不得泄露;同时侦查人员对自己从事侦查的行为以及侦查过程中知悉的对案件后续发展具有决定作用的信息也应当恪守保密义务;公安机关采取技术侦查措施时,有关单位和个人应当予以配合,并对有关情况也应当保密。保密原则的主体不仅包括侦查人员,同时也包括特定条件下知悉案件事实的其他人员。

二、技术侦查措施的范围还需要完善

技术侦查措施的适用范围目前符合司法实践发展的状况需要,但是,适用范围的规定还存在需要完善的地方。很多学者对技术侦查措施的案件范围的完善提出了自己的观点,可谓见仁见智。但是我们不能仅看到技术侦查措施存在的不足,还应当看到技术侦查在入法后不久的实施效果以及在特定司法环境下已经发挥了的功能。

首先,技术侦查措施纳入《刑事诉讼法》是我国刑事诉讼立法的进步。技术侦查措施是现代社会科学技术不断进步的体现,侦查程序引入技术侦查对于提高案件侦查的及时性和准确性具有重要帮助,特别是监听、监控等技术侦查措施的使用对于还原案件事实具有重要价值。视频监控几乎能够完全还原案件发生的情况,相比之前侦查措施的使用,技术侦查措施对避免冤假错案具有积极作用。此外,技术侦查措施入法也是司法实践长期总结经验的结果。技术侦查措施的使用并不是短期内存在的,而是随着科学技术的不断发展逐渐发展起来,并一步一步取得经验,逐渐走向成熟的,可以说我国刑事诉讼法所规定的技术侦查措施是在司法实践总结的基础上形成的相对成熟的侦查措施。虽然我国技术侦查措施的规定可能还存在立法上的不足,但是技术侦查措施取得的成绩不容抹杀。

其次,技术侦查措施的概念与种类应当予以明确。很多学者指出,我国的技术侦查措施的规定存在概念不清、种类不明的弊端。技术侦查措施作为由法律明确规定的措施应当对概念进行明确。在我们国家,技术侦查措施应当是指国家安全机关和公安机关为了侦查犯罪的需要而采取的特殊侦查措施。鉴于刑事诉讼法的规定,我国技术侦查措施的规定是广义上的技术侦查措施,包括隐匿身份的侦查和控制下交付。笔者认为,技术侦查应当仅指狭义上的技术侦查,对控制下交付以及隐匿身份的侦查应当进行单独规定。狭义的技术侦查应当包括运用高科技手段进行侦查的措施,包括电子监听、电话监听、电子监控、秘密拍照或录像等专门技术侦查手段。明确技术侦查措施的种类一方面为侦查机关采取措施进行侦查提供了选择范围,避免出现错误,另一方面体现了对被侦查人的权利保障,避免极端侦查行为对其隐私权等权利的侵犯。

再次,技术侦查的细节规定应当更加具有操作性。刑事诉讼法规定了技术侦查的适用情形,明确了哪些罪名可以使用技术侦查措施,但是对此进行规定时也出现了规定模糊的地方。第一,关于"经过严格的审批手续"的理解。有的学者指出,《刑事诉讼法》作为限制公权、保障私权的程序法,应当对技术侦查措施的适用做出明确的规定,这是程序法定原则的要求。[①]笔者认为,采取严格的批准手续应当从以下几个方面进行完善。一是批准的主体。技术侦查措施的批准主体应当具有明确性,同时应当避免侦查机关内部的自我审批,因此,可以由法院或者检察院进行审批。二是审批的期限。技术侦查的审批应当有期限的限制,不应当出现技术侦查措施实施结束之后再补批准手续的问题。三是技术侦查批准后对当事人造成权益损害的,应当明确承担损害后果的机关。第二,关于"追捕所必需的技术侦查措施"的理解。与上文中的"经过严格审批手续"一样,该问题也存在模糊性的特点,由于该概念具有抽象性,应对其进行限制,否则将会导致所有技术侦查措施都在这一情形中适用。笔者认为,对必要性的认识应当从犯罪的严重程度、涉嫌罪名对社会的危害性、犯罪嫌疑人的人身危险性等方面进行审查,只有从各个方面对必要性进行审查,才能够保证技术侦查措施的采用符合比例性原则和最后手段原则的要求。

最后,兜底性条款的规定应当严格审批、谨慎适用。《刑事诉讼法》第 150 条第三款是对技术侦查规定的兜底性条款,兜底性条款的规定可以帮助解决立法未

---

① 陈卫东:《刑事诉讼法理解与适用》,北京:人民出版社,2012 年,第 304 页。

考虑到的具体情形,保障侦查的全面性。但是,该条款的规定同样具有随意扩大适用技术侦查措施的危险。因此,笔者认为,可以保留技术侦查兜底性条款的规定,但是应当对适用条件进行严格的限制,特别是在审查环节,应当有中立的第三方主体(如法院、检察院)进行审查,并且审查手续应当较普通技术侦查措施更为严格。唯有如此,才能既保障技术侦查措施全面发挥作用,又避免侦查机关滥用技术侦查措施给被侦查人造成损失,侵犯被侦查人的基本权利。

三、技术侦查的期限还需要予以限制

技术侦查措施期限的规定保障了侦查机关侦查案件的便利性,但是期限的延长次数没有限制,与保障人权的诉讼目的不符。对技术侦查措施侦查期限的规定以及是否应当延长,很多学者提出了自己的想法,对完善技术侦查的期限具有借鉴意义。技术侦查措施的期限是否应当延长,如果可以延长,延长的次数与期限又将如何?这都是我们应当思考的问题。

首先,技术侦查措施应当在特定条件下可以延长。技术侦查期限的规定并不是一成不变的,法律规定在坚持原则性的同时,还应当注重适用的灵活性,技术侦查期限在特定条件下可以延长体现了法律的灵活性。但是,在规定技术侦查期限时应当注重对侦查机关行使权力的限制,避免对被侦查人的个人权利的随意侵犯。刑事诉讼法中规定,侦查机关采取技术侦查的,在批准决定签发之日起 3 个月之内有效,对于疑难复杂案件,期限届满仍有必要继续采取技术侦查措施的,经过批准,有效期可以延长。法律明文规定技术侦查的期限可以延长,笔者非常支持这一点。但是,何谓"疑难、复杂案件",则没有在《刑事诉讼法》中明确规定,对疑难、复杂的判定标准是否由侦查人员自行判断?如果由其自行判断的话,是否会造成案件适用的不公?这些问题都是我们需要研究的。笔者认为,法律应当通过明文规定的形式对该标准进行界定,为侦查机关适用该标准提供依据,也避免适用侦查措施时造成的不公正性。

其次,技术侦查措施期限的延长应当受到限制。如前文所述,技术侦查的期限应当受到限制,但是,对于如何限制技术侦查的适用,刑事诉讼法没有给出规定,法律只是从积极层面规定了特定情况下可以延长技术侦查的期限和次数。笔者认为,技术侦查措施的期限和次数都应当受到限制,不能无休止地对犯罪嫌

人、被告人采取技术侦查措施,被侦查人的个人隐私权等权利频繁遭受侵害。当前,对于这种无限次延长期限的规定,在内部审批机制的背景下近乎无期限的监控,在法益的权衡过程中过于追求打击犯罪,忽视了对人权的保障,与刑事诉讼的目的不相符。基于目前刑事侦查犯罪的需要,对需要继续进行技术侦查的,可以延长一次侦查期间,并且批准机关对期限的使用状况进行评估,认为可以在一次延长期限内侦查终结的,不得允许侦查机关继续延长技术侦查期限。

最后,技术侦查措施每次延长的期限不得长于原基本期限。《刑事诉讼法》规定了侦查技术措施的适用期间为3个月,对3个月内不能完成技术侦查的,可以延长侦查期限,但是每次不得超过3个月。笔者认为,技术侦查期限的延长首先应当对其次数进行限制,对此,上文已经阐述,其次对其期限进行限制,第一次实用技术侦查的期限为3个月,但是并不需要将3个月的时间用满,只有在必要的情况下才可以用足3个月的时间。对于后期延长技术侦查期限的,每次延长技术侦查期限的时间应当短于初次延长期间。并且,由于后期技术侦查应当比较成熟,技术侦查的时间将会缩短。技术侦查期间的使用,整体上应当体现出效率的原则,同时还要确保对犯罪嫌疑人的诉讼权利的保障,避免因技术侦查造成对犯罪嫌疑人及其近亲属的合法权益侵犯。

四、保密义务与及时销毁义务符合刑事诉讼精神与目的

技术侦查规定相关人员的保密义务与及时销毁义务是刑事诉讼法规定得比较先进的地方,笔者认为,技术侦查措施的使用需要相关人员保守秘密,同时对与案件无关的材料应当予以销毁,这有利于保障技术侦查程序的顺利进行。

首先,技术侦查措施中的保密义务体现了技术侦查措施的特殊之处。技术侦查在本质上是一种秘密侦查措施,是侦查机关为对付技术化、隐秘性的犯罪而发展起来的,其特点在于不经当事人知晓而运用技术装备秘密调查、秘密取证,因而是典型的秘密侦查措施。在技术侦查使用过程中,既有可能收集到案件侦查线索与证据,也必然会了解大量与案件侦查无关的个人信息与隐私。由于具有秘密性的特征,就使得侦查人员在侦查过程中应当恪守保密义务,不得随意透露与技术侦查有关的案件情况。同时,在技术侦查过程中如果需要其他机关或者个人予以配合的,还应当保证相关人员保守案件侦查的秘密。对在技术侦查过程中知晓的

案件情况,特别是国家秘密、商业秘密和个人隐私等情况不得随意泄露,给被侦查人造成损害的,应当承担相应的责任。

其次,技术侦查措施的销毁义务体现了技术侦查的专门性。技术侦查的目的是通过高科技手段收集与案件有关的证据材料,在收集的过程中,侦查人员通过技术侦查措施肯定会收集到与案件无关的被侦查人的个人信息与隐私。在这种情况下,这些材料不能作为认定案件事实的依据,就不能随案卷材料予以移送,否则将会导致被侦查人员信息的泄露和个人隐私的公开。即使是与犯罪侦查有关的各种信息与材料,也只能用于"对犯罪的侦查、起诉和审判",不得用于其他用途,在此处的其他用途应当包括行政处罚、行政处理、追究民事责任、纪律惩戒等。

五、技术侦查中获得材料的证据适用需要进一步完善

技术侦查的目的与普通侦查一样,是尽可能地获得与犯罪事实有关的证据,技术侦查措施获得材料的证据适用有利于审判的顺利进行,对于实现刑事诉讼惩罚犯罪的目的具有重要意义。但我国刑事诉讼法关于技术侦查获得的材料的证据使用并没有进行具体的规定,只是含糊规定了技术侦查获得的证据可以作为证据使用,并只能用于侦查、起诉和审判,没有规定以非法方法获得的证据如何排除。

首先,技术侦查获得的材料只能作为本案刑事诉讼的证据。由于技术侦查措施是刑事诉讼法所特有的侦查措施,在民事诉讼和行政诉讼中没有规定技术侦查措施。因此,采用技术侦查措施获得的材料只能作为刑事诉讼的证据使用,不得将其作为行政诉讼、民事诉讼的证据,更不得将其作为纪律检查时使用的证据。此外,对技术侦查获得的证据材料是否可以运用于其他刑事案件呢?笔者认为,该类证据材料只能作为认定本案案件事实的证据,不得随意扩大使用,否则将会对本案犯罪嫌疑人、被告人甚至其他案件犯罪嫌疑人、被告人的合法权益造成损害。

其次,通过非法手段获得的证据应当予以排除。非法证据排除规则是我国刑事诉讼法明确规定的证据使用原则,对于通过非法手段获得的证据应当根据不同的情况进行审查:对于通过非法手段获得的言词证据,应当予以排除;对于通过非法手段获得的实物证据,如果能够进行补正的可以通过补正手段进行补正,如果

能够做出合理解释的可以作为认定案件事实的证据,对于既不能补正也不能做出合理解释的应当依法予以排除。技术侦查作为侦查的特殊方式,也有可能出现以非法手段获取证据的情形,对技术侦查措施中以非法手段获得的证据应当依法予以排除。笔者认为,对技术侦查中非法证据的排除,可以不参照普通侦查中非法证据排除的标准进行。由于技术侦查对被侦查人的隐私权侵犯更大,对排除标准的设定应当以对被侦查人法益的侵害程度作为标准,有足够证据证明技术侦查行为严重侵害了被侦查人的法益,则获取的相应证据均应当排除。

最后,技术侦查措施获得的材料在法庭上如何使用保障侦查人员作证的安全。技术侦查措施的使用应当保障侦查人员的人身安全,使用技术侦查措施在追究犯罪的同时,也需要提倡保障人权,这里的保障人权不仅包括保障犯罪嫌疑人、被告人的人权,还包括保障国家机关工作人员、社会其他人员的安全与权利。在法庭审判阶段需要对相关证据进行审查的,如果被告人提出质证,法院在保障被告人获得公正审判权的同时,还应当保障出庭作证的侦查人员和其他证人的安全。这种情况下就可以采取有辩护律师进行质证的方式保障被告人的质证权。一方面,律师作为法律工作者能够认识到保障出庭人的人身安全的重要性;另一方面,执业律师受到国家机关和律师协会的管辖,如果泄露出庭人的信息将会受到惩戒。如果有其他非律师辩护人代表被告人质证,则不能达到如上效果。

第七章

对质询问权问题的研究

第一节　对质询问权的国内法规定及研究

一、我国证人出庭作证的法律规定

关于对质询问权，我国《刑事诉讼法》以及相关司法解释没有明确的规定，但是在证人出庭作证等方面进行了规定。在 2012 年修改《刑事诉讼法》之后，关键证人出庭作证制度得到完善，这是我国刑事诉讼对质询问权规定的进步，也是我国对质询问权逐渐与世界接轨的体现。下面主要通过介绍我国证人出庭作证制度的规定窥视我国对质询问权。

《全国人大常委会关于司法鉴定管理问题的决定（2015 修正）》第 11 条规定："诉讼中，当事人对鉴定意见有异议的，经人民法院依法通知，鉴定人应当出庭作证"。第 13 条规定："鉴定人或者鉴定机构有下列情形之一的，由省级人民政府司法行政部门给予停止从事司法鉴定业务三个月以上一年以下的处罚；情节严重的，撤销登记…经人民法院依法通知，拒绝出庭作证的…"。

《刑事诉讼法》对证人出庭作证也作出了规定，第 192 条规定："公诉人、当事人或者辩护人、诉讼代理人对证人证言有异议，且该证人证言对案件定罪量刑有重大影响，人民法院认为证人有必要出庭作证的，证人应当出庭作证。人民警察就其执行职务时目击的犯罪情况作为证人出庭作证，适用前款规定。公诉人、当事人或者辩护人、诉讼代理人对鉴定意见有异议，人民法院认为鉴定人有必要出庭的，鉴定人应当出庭作证。经人民法院通知，鉴定人拒不出庭作证的，鉴定意见不得作为定案的根据"。第 193 条规定:"经人民法院通知,证人没有正当理由不出庭作证的,人民法院可以强制其到庭,但是被告人的配偶、父母、子女除外"。

《最高人民法院印发〈关于全面推进以审判为中心的刑事诉讼制度改革的实施意见〉的通知》第 3 条规定:"注重制度探索,及时总结改革经验。在改革过程中,要遵循刑事诉讼规律,处理好惩罚犯罪与保障人权、实体公正与程序公正、司法公正与司法效率、互相配合与互相制约等关系,确保改革稳步推进。要以庭审实质化改革为核心,以强化证人、鉴定人、侦查人员出庭作证和律师辩护为重点,着力推进庭审制度改革。在贯彻执行过程中遇到的新情况、新问题和探索的新经验、新做法,要认真加以总结,并及时层报最高人民法院"。《关于全面推进以审判为中心的刑事诉讼制度改革的实施意见》第 14 条规定:"控辩双方对证人证言有异议,人民法院认为证人证言对案件定罪量刑有重大影响的,应当通知证人出庭作证。控辩双方申请证人出庭的,人民法院通知证人出庭后,申请方应当负责协助相关证人到庭。证人没有正当理由不出庭作证的,人民法院在必要时可以强制证人到庭"。第 15 条规定:"控辩双方对鉴定意见有异议,人民法院认为鉴定人有必要出庭的,应当通知鉴定人出庭作证"。第 16 条规定:"证人、鉴定人、被害人因出庭作证,本人或者其近亲属的人身安全面临危险的,……人民法院应当建立证人出庭作证补助专项经费机制,对证人出庭作证所支出的交通、住宿、就餐等合理费用给予补助"。第 29 条规定:"证人没有出庭作证,其庭前证言真实性无法确认的,不得作为定案的根据……经人民法院通知,鉴定人拒不出庭作证的,鉴定意见不得作为定案的根据"。

《关于办理刑事案件收集提取和审查判断电子数据若干问题的规定》第 26 条规定:"公诉人、当事人或者辩护人、诉讼代理人对电子数据鉴定意见有异议,可以申请人民法院通知鉴定人出庭作证。人民法院认为鉴定人有必要出庭的,鉴定人应当出庭作证。经人民法院通知,鉴定人拒不出庭作证的,鉴定意见不得作为定案的根据。对没有正当理由拒不出庭作证的鉴定人,人民法院应当通报司法行政机关或者有关部门"。

最高人民检察院 2016 年发布的《"十三五"时期检察工作发展规划纲要》指出,"严格执行非法证据排除规则,准确界定需要排除的"非法证据"范围,规范调查核实程序。完善指定管辖制度,明确指定管辖的原则、依据和程序;规范鉴定人、侦查人员、有专门知识的人出庭作证工作,完善证人出庭作证制度,提高证人出庭率;规范撤回起诉制度;健全无罪案件逐案分析通报制度"。

《关于推进以审判为中心的刑事诉讼制度改革的意见》第12条规定:"完善对证人、鉴定人的法庭质证规则。落实证人、鉴定人、侦查人员出庭作证制度,提高出庭作证率。公诉人、当事人或者辩护人、诉讼代理人对证人证言有异议,人民法院认为该证人证言对案件定罪量刑有重大影响的,证人应当出庭作证。健全证人保护工作机制,对因作证面临人身安全等危险的人员依法采取保护措施。建立证人、鉴定人等作证补助专项经费划拨机制。完善强制证人到庭制度"。

虽然目前我国有多项法律和司法解释对证人出庭作证问题作出规定,但是我国关于证人出庭作证以及对质询问权的规定还存在不足。第一,规定具有原则性。关于证人出庭作证问题,很多文件的规定为"证人应当出庭作证",但是,对于哪些证人出庭作证?法官决定不出庭作证的当事人有无异议权,如何实现?是否只有狭义的证人需要出庭,其他被害人等是否需要出庭?我国目前有无必要建立匿名作证等制度?这些问题还没有具体的法律规定。第二,规定的操作性不强。正是由于证人出庭作证制度规定得过于原则化,才导致其在司法实践中的操作性不强。对证人未出庭作证的,提出证人证言的一方是否需要承担相应的法律后果?不出庭作证的证人是否需要接受惩罚,接受什么程度的惩罚?这些都是司法实践中遇到的问题。第三,规定中真正涉及对质询问权的条款非常少。证人出庭作证最主要的目的就是保障被告人的对质询问权,尽快揭露案件真相,实现刑事诉讼惩罚犯罪和保障人权的目的,使刑事诉讼顺利进行。但是,我国相关法律在规定证人出庭作证时,很少涉及对质询问权的问题。对质询问权作为被告人的基本权利,在《公民权利和政治权利国际公约》《欧洲人权公约》等国际条约中都已经有明确的规定,体现了注重被告人诉讼权利保障、实现公正审判的国际化趋势。在这种国际环境下,我国也在加紧刑事诉讼司法改革,但是,在改革过程中还需要对现有法律规范进行细化,对对质询问权等保障被告人获得公正审判的诉讼权利予以规范,实现刑事诉讼保障人权的目的。

二、国内关于对质询问权的研究

有的学者认为对质询问权应当要求证人出庭。孙长永教授认为,"赋予控辩双方充分的质证机会,并且允许控辩双方通过国家强制力保证有利于被告人的证人到庭,突出体现了当事人主义刑事诉讼中的控辩平等原则"。"质证的过程也就是对具体证据的可信性和证明力以及可采性(特殊情况下才会发生)进行辩论的过程,质证与对证据的辩论是结合在一起的"。①该观点指出了对质询问权的实现应当保证证人出庭,给予控辩双方充分质证的机会,这是当事人主义下控辩平等的体现,也是当事人主义刑事诉讼中对质询问权发达的原因。我国台湾地区学者王兆鹏教授认为,在美国,以共犯的陈述为证据也不得侵害被告人的对质讯问权。如果共犯没有在审判时作证,而以共犯在庭外陈述作为不利于被告人的证据,除非符合"先前不一致的陈述""先前的证词"和"共谋者陈述"的例外,否则因被告人无法与共犯进行对质并进行诘问,将违反宪法第六修正案规定的对质询问权。②在美国法的语境下讨论共犯之陈述是否可以作为证据时,首先需要考虑的就是被告人的对质询问权是否受到侵害。在判断对质询问权是否受到侵害时,不仅需要从形式上进行审查,还应当进行实质上的审查。笔者认为,美国通过宪法修正案的形式对被告人的对质询问权进行保护具有借鉴价值。如果被告人庭审时的对质询问权不受保护,那么公正审判将无从谈起。我国在规定对质询问权时不需要通过宪法予以规定,只需要在修改刑事诉讼法时将该项权利予以明确规定即可。我国目前的法律规定并非不完善,而是立法与司法实践出现脱节。

史立梅教授认为应当构建强制证人出庭作证制度:对证人的保护不应当仅仅局限于特定的犯罪,而应当扩大到所有需要保护的出庭证人。对我国刑事诉讼法规定的证人出庭作证制度应当先由提供证据的一方及证人不能出庭进行证明,然后由法官进行审查。法官审查后发现,如果在审前已经保障了被告人的对质询问权的,则证人可以不出庭。③陈瑞华教授认为我国目前采取的是一种完全由司法裁判权主导的证人出庭模式,控辩双方通过行使诉权使证人出庭的机制没有建立起来。陈瑞华教授认为这是新间接审理主义的表现。④李冉毅博士也对此进行了

① 孙长永:《当事人主义刑事诉讼中的法庭调查程序评析》,《政治与法律》2003 年第 3 期,第 89、88 页。

② 王兆鹏:《当事人进行主义之刑事诉讼》,台湾:元照出版有限公司,2004 年,第 188 页。

③ 史立梅:《我国刑事证人出庭作证制度的改革及其评价》,《山东社会科学》2013 年第 4 期,第 19—21 页。

④ 陈瑞华:《新间接审理主义》,《中外法学》2016 年第 4 期,第 850 页。

研究,其认为证人是否出庭作证是形式化庭审和实质化庭审的分水岭。证人出庭率低最主要的原因是辩方无法通过主张对质询问权促使证人出庭。[①]李建明教授认为,目前我国应当强化证人出庭作证制度,将柔性规定转化为刚性规定,要使证人出庭成为一般原则,是否出庭不能由证人、检察官和法官自由选择。[②]但是,笔者认为李建明教授的观点是证人出庭作证的理想化模式,现阶段不能要求所有的证人无条件的出庭作证。证人出庭作证必须以存在争议为核心。同时,笔者赞成李建明教授关于证人是否出庭不由证人、检察官和法官决定的观点,认为决定权应当有双方决定,即证人证言存在争议时需要出庭。易延友教授在论述证人出庭、交叉询问与刑事被告人的对质权时也提出,虽然证人出庭在刑事诉讼中具有重要价值,但是,并不意味着所有的证人都需要出庭。只有在当事人对证人证言存在疑问,需要对证人进行发问以清除疑点时,证人出庭才有存在的必要。[③]易延友教授的观点属于学界的通说,很多学者都坚持这一观点。

有的学者认为,我国的刑事诉讼法已经规定得非常完善,只需要司法实践中好好执行即可。胡铭教授提出了"转变理念、改良技术"而非"修改法律"的观点。经过多次修改《刑事诉讼法》,我国刑事诉讼中对抗制诉讼的精神已经明显体现出来,但是,目前为止并未真正实现庭审实质化,主要原因还是司法实践贯彻不足。今后庭审实质化的努力方向在于严格遵循法律规定,转变司法理念、改进司法技术,推进庭审实质化的实现。[④]笔者认为刑事诉讼法没有得到有效实施,主要是司法实务中刑事诉讼法的运行存在障碍,包括传统司法理念的影响和行政化司法的影响等。故在对基本理念和司法技术改良后,刑事诉讼法将会产生应有的效果。但并非说我国刑事诉讼法无可挑剔,在有些制度方面,我国刑事诉讼还需要改进,特别是既有制度规定的过于笼统也是明显弊端。

有的学者从非法证据排除的角度进行了研究。孙长永教授认为,庭审实质化意味着审判权对追诉权的有效制约,非法证据排除规则是实现审判权对侦查、起

---

① 李冉毅:《刑事庭审实质化及其实现路径》,《宁夏社会科学》2016 年第 1 期,第 56 页。

② 李建明:《刑事庭审质证形式主义现象之批判》,《江苏社会科学》2005 年第 3 期,第 106 页。

③ 易延友:《证人出庭与刑事被告人对质权的保障》,《中国社会科学》2010 年第 2 期,第 161 页。

④ 胡铭:《对抗式诉讼与刑事庭审实质化》,《法学》2016 年第 8 期,第 108 页。

诉权有效制约的重要手段。① 刘静坤法官提出,庭审实质化的实现需要贯彻非法证据排除规则,通过审前程序的精密化运行保障庭审实质化。② 精密化司法要求侦查机关彻底、深入开展侦查,检察机关在证据充分基础上慎重起诉,法庭审理确保细致入微的司法运行。精密化司法对保障案件的公正处理具有重要价值,但是,对刑事案件的处理也会产生其他问题:案件处理的效率下降。精密化司法要求案件的解决建立在大量的时间基础上,但是,目前我国刑事案件的数量与日俱增,而司法工作人员的数量在短期内不能迅速增加,对于精密化司法的运行产生了障碍。笔者认为,精密化司法是刑事诉讼的理想模式,但目前还不具有贯彻实施的现实。刑事案件的解决以及刑事庭审实质化的实现应当通过对案件分流来解决,保障真正由法官进行裁决的案件数量维持在较低水平。针对不出庭证人的情况,程雷教授提出,对于证人应当出庭而没有出庭的案件审理应当依法适用相应的程序性法律后果。③

有的学者从以一审为中心的角度对对质询问权进行研究。龙宗智教授认为,建立以一审庭审为中心的事实认定机制,应当坚持庭审质证原则,限制庭下阅卷的作用。对庭下阅卷问题,龙宗智教授肯定了该制度在司法实践中发挥的作用,但是为防范其存在的弊端,还需要完善相关制度保障庭审对心证形成的关键性作用。庭下阅卷后对特定情形恢复法庭调查以及防止未举证质证的案卷材料影响法官心证是需要完善的制度。④ 笔者认为,龙宗智教授对庭审实质化的研究非常成功,基本涉及了庭审实质化的所有问题,对证据制度的长期研究也使其对对质询问权问题形成独到的观点。龙宗智教授在 2000 年就曾撰文对交叉询问制度进行研究,认为健全和强化交叉询问制度成为庭审制度完善的当务之急。我国应当确立适当的交叉询问规则:严格区分主询问和反询问中的诱导性询问,明确反对质疑己方证人的交叉询问规则。⑤ 此外,龙宗智教授还提出,我国目前的刑事庭审

---

① 孙长永、王彪:《论刑事庭审实质化的理念、制度和技术》,《现代法学》2017 年第 2 期,第 133 页。

② 刘静坤:《非法证据排除规则与庭审实质化》,《法律适用》2014 年第 12 期,第 13-15 页。

③ 程雷:《审判公开背景下刑事庭审实质化的进路》,《法律适用》2014 年第 12 期,第 4 页。

④ 龙宗智:《论建立以一审庭审为中心的事实认定机制》,《中国法学》2010 年第 2 期,第 154 页。

⑤ 龙宗智:《论我国刑事审判中的交叉询问制度》,《中国法学》2000 年第 4 期,第 92 页。

原始人证调查方式应当称作"控辩询问",而非"交叉询问"。① 但笔者认为,并不是所有的案件都需要进行庭审质证,也就是说并不是所有案件的被告人都需要与证人对质。最主要的问题是对案件进行审前分流,由真正需要对质的关键证人出庭接受质证才是庭审实质化中证人出庭作证的要害。因此,防止未经质证的案卷材料影响法官心证主要是防止双方有争议的关键证据材料对法官心证的影响,特别是关键证人的证言。

陈瑞华教授认为,事实审的形式化是当前一审程序亟须解决的问题,庭外裁判的存在、行政审批机制的干预、承办人制度的阻碍、有效辩护的缺失、审结报告制度以及留有余地的裁判方式继续发挥作用都是导致我国刑事庭审虚化的原因。② 陈瑞华教授是从制度的角度对庭审虚化问题进行阐述,指出了我国当前导致庭审虚化的制度性障碍。但是,对于证人出庭作证以及被告人与证人之间的交叉询问并没有在文章中体现,不过在其他文章中专门对该问题进行了阐述。笔者非常赞同陈瑞华教授关于我国刑事诉讼中"印证规则"的阐述,对此问题,笔者认为,我国之所以没能建立起实质性的庭审,主要原因就是印证规则一直在发挥作用。印证规则给证人不出庭提供了避风港,法官能够通过证据相互印证的,就不要求证人出庭,没有贯彻言辞规则。陈瑞华教授还专门对量刑程序中法官的心证进行了研究,其主张量刑程序也应当形成诉讼化的形式,让法官对被告人的量刑心证形成于法庭。法官在量刑听证程序中需要听取定罪阶段没有听取的案件信息,关注证据的可采性。③ 左卫民教授进行的实证研究表明,被告人对质询问权不能实现的原因就是证人不出庭,其中,证人出庭标准影响了证人的出庭率;检察官的消极态度是证人出庭率低的主要原因;书面审判方式是证人出庭率低的根本原因。④

有的学者从证人出庭作证角度进行了研究。张吉喜教授对匿名证人和脆弱证人问题进行了深刻的论述,认为证人匿名作证对对质权形成了限制,但是,证

① 龙宗智:《我国刑事庭审中人证调查的几个问题——以"交叉询问"问题为中心》,《政法论坛》2008 年第 5 期,第 24-25 页。

② 陈瑞华:《论彻底的事实审》,《中外法学》2013 年第 3 期,第 520-522 页。

③ 陈瑞华:《论量刑程序的独立性》,《中国法学》2009 年第 1 期,第 178 页。

④ 左卫民、马静华:《刑事证人出庭率:一种基于实证研究的理论阐述》,《中国法学》2005 年第 6 期,第 167-175 页。

人匿名作证也具有正当性。我国匿名证人作证的完善应当从以下几个方面努力：赋予辩方对证人匿名作证的申请权；将匿名作证作为保护证人的最后手段；明确证人或其近亲属的人身安全面临危险的判断标准；区别对待可信性存在争议的匿名证人和可信性不存在争议的匿名证人；有争议的匿名证人都应当出庭；对匿名作证的证人应当保障辩方发问的权利；区别对待不同类型的匿名证人证言的证明力；赋予辩方申请公开证人身份的权利。① 匿名证人作证是刑事诉讼中保护证人的一种有效方式，但是该种方式对被告人的对质询问权将造成冲击，因此，正如张吉喜教授所言，"由于证人不出庭，'被告人出庭'和'裁判者出庭'起不到审查核实证人证言的作用。从这个角度来说，'被告人出庭'和'裁判者出庭'两个因素也是缺失的"。② 此外，张吉喜教授还专门撰文对脆弱证人作证制度进行研究，从在中国知网的搜索结果来看，张吉喜教授是研究脆弱证人的第一人，通过专门的文章对脆弱证人制度进行了研究。其认为，"脆弱证人通过不出庭作证的方式提供证言是否限制了被告人的对质权，需要根据具体情形进行分析。""只有在审前和审判阶段辩方都没有机会询问证人时，才会限制被告人的对质权。""如果在审前阶段获取证人的证言时，辩方的权利得到了保障，那么便没有限制被告人的对质权"。③ 笔者同意张老师的观点，对被告人的质证权的保障不仅仅体现在庭审过程中，对于不适宜庭上质证的案件，在审前程序中由辩护人或者被告人与证人进行质证也是保障辩方质证权的重要方式。特别是对未成年人、性犯罪中的被害人，出于对这类主体的保护，审前由律师进行质证也是可行的，甚至在庭审中采取其他方式保障脆弱证人的合法权益也是必要的。由于不同国家的诉讼传统存在差异，审前诉讼制度的设置对对质询问权的保障程度也存在差异。因此，不论是在有普通证人的案件还是有脆弱证人的案件中，如果有证据表明审前已经保障了辩方与证人对质的权利，那么在双方认可的情况下，庭审期间可以不要求相关证人出庭。

孙长永教授对庭审实质化的理念、制度与技术进行了研究，其中专门对被告人的质证权进行了阐述。实现庭审实质化要求我们完善证人、鉴定人出庭作证制

---

① 张吉喜：《论证人匿名作证制度》，《比较法研究》2014 年第 67 期，第 124-127 页。

② 张吉喜：《论证人匿名作证制度》，《比较法研究》2014 年第 67 期，第 123 页。

③ 张吉喜：《论脆弱证人作证制度》，《比较法研究》2016 年第 3 期，第 119 页。

度,充分保障被告人的质证权。证人、鉴定人有无必要出庭不应当由法官决定,而应当由控辩双方根据履行职责或行使权力的需要自行判断。对庭前证言不能一刀切地认为无效,应当对质证情况进行考察。如果证人当庭翻证,其证言只能作为弹劾证据存在。对证人拒不出庭作证的,应当增加罚款处罚,形成完整的惩戒体系。对人证交叉询问程序的构建,最基本的规则有以下五项:关联性规则;禁止质疑己方证人规则;禁止主询问进行诱导询问的规则;禁止反询问超出主询问范围的规则;当场异议和裁判规则。[①] 笔者对此持赞同观点。

汪海燕教授认为,《刑事诉讼法》第61条规定的强制证人出庭作证制度与第195条规定的书面证言笔录的规定矛盾。而且我国《刑事诉讼法》规定的证人、鉴定人出庭作证制度条件过于严格,关键证人是否出庭的决定权在法官。第193条规定的近亲属拒绝作证制度造成庭审虚化现象加剧。[②] 笔者认为,第一,第61条和第195条的规定不存在矛盾。虽然第61条规定了强制证人出庭作证制度,但是并没有要求所有案件中的证人都需要出庭作证,刑事诉讼法规定的精神在于关键证人出庭作证。而第195条是规定不需要出庭的证人证言的处理方式,这里不需要出庭的证人证言是指在庭前会议中双方不存在争议的证据。第二,近亲属举证特权的规定并不是加剧庭审虚化的主要原因,并且亲属不出庭作证应当坚持。近亲属拒绝作证是中国传统文化的体现,也与我国注重家庭观念的文化相适应,近亲属拒绝出庭作证是维系家庭关系与社会稳定的重要方式。对汪海燕教授关于证人、鉴定人出庭作证条件的观点,笔者持赞同观点。我国证人、鉴定人出庭作证的决定权不是在双方当事人而是在法官,这一方面与法官的中立裁判者地位不相适应,另一方面也侵犯了双方的诉讼权利。

李婷博士研究了二审程序中证人的出庭作证问题,并且以一名法院工作人员的身份对刑事诉讼法修改以来证人出庭的状况进行了评析。其认为证人不出庭的现状并未得到根本改善,原因在于:立法上存在缺陷,证人主观认识上存在偏差,司法机关的观念没有转变。这些原因导致了庭审程序中证人出庭作证的数量

---

① 孙长永、王彪:《论刑事庭审实质化的理念、制度和技术》,《现代法学》2017年第2期,第28页。
② 汪海燕:《论刑事庭审实质化》,《中国社会科学》2015年第2期,第111-112页。

较少。① 李婷博士提出了司法实践中证人出庭难的原因,对研究庭审实质化以及对质询问权具有重要价值。但是,其并没有认识到我国证人出庭率低的真正原因:我国刑事案件的数量繁杂,由于审前分流机制不完善,法庭审判案件居高不下,而真正需要出庭的证人人数虚高,并没有我们臆想的那么多,导致证人出庭率非常低。因此,目前需要完善的不是证人出庭的问题,我国关于证人出庭的规定已经相对完善,只需要进行简单补充,我们真正需要关注的是如何进行案件的审前分流,使该出现在法庭上的证人有机会出庭参与质证,对于不需要出庭的证人直接在审前根据案件的分流做相应处理。

还有的学者从证据裁判原则和直接言辞原则角度对庭审实质化进行研究。卫跃宁教授认为,庭审流于形式主要原因是关键证人很少出庭接受对质,辩方的质证权得不到保障,质证意见很少被采纳。贯彻直接言词原则的关键是确保关键证人出庭,保障被告人的对质询问权。同时,关键证人出庭需要接受被告人的对质诘问,实现交叉询问的目的。卫跃宁教授指出,我国没有建立真正的交叉询问制度,在反询问时不允许诱导性询问限制了交叉询问的实现。② 对卫跃宁教授的观点,笔者认为,我国已经建立了证据裁判规则,只是由于新法修订后不久,对证据裁判原则的适应需要时间,证据裁判原则需要在逐渐适应司法实践后才会产生明显作用。笔者赞同卫教授关于直接言辞规则的观点,我国目前并没有明确规定直接言词原则,虽然刑事诉讼法规定了关键证人出庭作证制度,但是这只是直接言词原则的一个方面。因此,要保障对质询问权的实现,直接言词原则是我国刑事诉讼法需要确立的原则。确立直接言词原则并非需要所有的证人出庭作证,如前文所述,庭审实质化以及对质询问权的实现是以案件的审前分流为前提的,只有真正需要证人出庭的案件才会在审判时出现对质询问权的问题。樊崇义教授也提出,在我国建立所有证人的出庭作证制度是不可能的,我国应当在程序设置上构建一个完整的速裁、简易、普通、特殊被告人认罪认罚体系,实现案件分流,保障真正需要出庭的证人出庭。③ 胡云腾大法官在 2006 年就专门撰文提出了"逐

---

① 李婷:《司法改革背景下刑事二审庭审实质化问题思考》,《法律适用》2016 年第 7 期,第 103 页。

② 卫跃宁、宋振策:《论庭审实质化》,《国家检察官学院学报》2015 年第 6 期,第 131-132 页。

③ 樊崇义:《庭审实质化与证据制度的完善》,《证据科学》2016 年第 3 期,第 263 页。

步建立犯罪嫌疑人和被告人认罪从轻或者从简的程序,最大程度地减少证人出庭案件的数量"。①

对直接言词原则,万毅教授通过实证方式进行了研究,在其调研的法院推行的"庭审实质化改革"中,两级法院共进行示范庭或实验庭 33 个,在案件的审判中,不仅强调证人出庭作证,还根据案件情况要求被害人、侦查人员、鉴定人、专家辅助人等出庭,要求出庭作证人员分别接受控辩双方的交叉询问。② 笔者认为,刑事诉讼法颁布之后,个别地区的庭审体现了庭审实质化的内容,但是还有不少地区存在庭审虚化问题,这既需要人民法院注重对刑事诉讼法及相关司法解释中证人出庭的贯彻执行,还需要各地积极试点,进行庭审实质化的探索。强卉博士认为,质证原则的首要目标应当是判断各种证据的真实可信性,但是我国对证人的可靠性关注不够。我国的质证内容、质证程序以及质证制度都存在着不同程度的问题。我国司法实践中对证人及其证言的可信性进行弹劾的案例非常罕见。③ 强卉博士指出了我国现阶段存在的问题,明确了证人弹劾规则在对质询问权中的意义,但是其没有进一步展开如何对证人进行弹劾来保障被告人对质询问权的实现,也没有对证人出庭作证的例外予以明确。龙宗智教授也撰文指出,推动证人出庭作证的关键是限制书面证言的效力,同时由于我国尚未建立传闻证据排除规则,书面证言在刑事诉讼中仍有生存的空间。因此,应当改善质证控制,保障辩方的质证权,加强当庭认证。④ 对此,笔者非常赞同。

李思远博士认为我国刑事庭审实质化存在较多不足,从直接言词原则或者传闻证据排除规则角度看,我国立法没有明确的规定,虽然司法实践中存在直接言词原则的端倪,但是只能称得上"有限的直接言词原则或传闻证据规则"。⑤ 对于该种观点,笔者认为过于乐观,直接言词原则一直是我国刑事诉讼追求的目标,但

---

① 胡云腾:《证人出庭作证难及其解决思路》,《环球法律评论》2006 年第 5 期,第 561 页。

② 万毅、赵亮:《论以审判为中心的诉讼制度改革》,《江苏行政学院学报》2015 年第 6 期,第 115 页。

③ 强卉:《审判中心主义语境下的证人弹劾规则》,《西安交通大学学报(社会科学版)》2016 年第 4 期,第 83 页。

④ 龙宗智:《庭审实质化的路径和方法》,《法学研究》2015 年第 5 期,第 142-148 页。

⑤ 李思远:《庭审实质化改革下我国质证制度的完善》,《甘肃理论学刊》2016 年第 3 期,第 97 页。

是并没有形成,我国应该还没有建立起有限的直接言词原则。张杰博士也提出庭审实质化需要逐步确立直接言词原则,严格落实证人出庭作证制度,使被告人、证人当面对质,增强证据的证明力。① 郭天武教授认为刑事庭审实质化的实现路径之一就是证据调查的实质化,这就要求贯彻直接言词原则,完善庭审质证程序,使法官心证形成于庭上。② 熊秋红研究员认为,当前对我国庭审实质化问题进行研究时,需要对以下两大问题作出回答:一是我国是采取直接言词原则还是传闻证据规则;二是我国应采取卷宗移送主义还是起诉书一本主义。对于前一问题,熊秋红研究员对大陆法系的直接言词原则和英美法系的传闻证据规则进行了比较,认为从立法技术上看,大陆法系的直接言词原则在我国更具有可行性。③ 笔者认为,熊秋红老师的观点具有可行性,虽然目前我国的刑事诉讼体现了对抗制的一些色彩,但是,并不是所有的对抗制诉讼制度都适合我国。从诉讼传统上看,我国的刑事诉讼与大陆法系的刑事诉讼更具有相似性,大陆法的诉讼制度在我国也更易于适应。

何家弘教授认为,解决我国刑事庭审虚化的问题,首先需要确立刑事审判的直接言词原则。明确规定诉讼双方存有争议的证人必须出庭,作出裁判的法官必须直接审查案件证据,其他为直接审查定案证据的法官不得裁判。④ 何家弘教授的观点体现了传统言词证据规则的要求,并且其提出有争议的证人才需要出庭,这一点笔者非常赞同。但是,其在论述中只是对直接言词原则的含义和传统做法进行了规定,没有具体阐述直接言词原则如何保障庭审实质化,也没有表明直接言词原则如何保障被告人对质询问权的实现。左卫民教授提出了"口证原则"的概念,认为口证原则要求证人必须出庭作证,按照法定方式通知证人是证人出庭的程序性保障。口证原则要求证人必须以言辞方式在法庭上提供证言,参与诉讼

---

① 张杰:《完善我国刑事庭审证据调查程序之理性思考》,《湖北社会科学》2015 年第 12 期,第 148-150 页。

② 郭天武、陈雪珍:《刑事庭审实质化及其实现路径》,《社会科学研究》2017 年第 1 期,第 100 页。

③ 熊秋红:《刑事庭审实质化与审判方式改革》,《比较法研究》2016 年第 5 期,第 39-40 页。

④ 何家弘:《刑事庭审虚化的实证研究》,《法学家》2011 年第 6 期,第 133-134 页。

的主体有权对证人询问,并进行质证。① 左卫民教授的观点体现了直接言词原则的要求,口证原则是直接言词原则的一部分。何邦武教授主张在我国确立传闻证据排除规则,但是对此应当规定相应的例外。传闻规则在坚持排除传闻证据时,还应当以必要性和可信性为准则,构建传闻证据排除的例外体系。何邦武教授提出的例外主要有"没有必要"的例外和"有正当理由"的例外两种形式,并且这两种形式中又包含了一些细致的规则。② 甄贞教授认为在我国确立直接言词原则和排除传闻证据规则,以此构建我国的证人出庭作证程序。③ 但是,笔者对此不敢认可,因为直接言词原则与传闻证据规则属于不同的法系,二者在诉讼传统等方面存在差异,如果我国对这两种方式都予以确立的话,将导致司法实践运用的混乱。同时,直接言词原则与传闻证据规则解决的都是要求证人出庭作证的问题,一是积极方面的规定,二是消极方面的规定,二者在本质上没有差异,没必要在我国刑事诉讼法中都体现出来。

第二节　域外对质询问权的法律规定与研究

对质询问权问题是学界研究的重点问题之一,对于实现庭审的实质性具有重要价值。虽然对质询问权在英美法系国家使用较多,但是,在我国以及大陆法系国家也有很多学者对其进行研究。

一、域外典型国家对质询问权的规定

《公民权利和政治权利国际公约》第 14 条第 3(e)项规定,受刑事指控者有权讯问或业已讯问对他不利的证人,并使对他有利的证人在与对他不利的证人相同的条件下出庭和接受讯问。《欧洲人权公约》第 6 条第 3(d)项规定,受刑事指控者有权询问不利于他的证人,并在与不利于他的证人具有相同的条件下,让有利于他的证人出庭接受询问。《美洲人权公约》第 8 条第 2(f)项规定,被告一方

---

① 左卫民:《刑事证人出庭作证程序:实证研究与理论阐释",《中外法学》2005 年第 6 期,第657-660 页。

② 何邦武:《证人出庭作证例外的裁量性标准问题探析》,《政治与法律》2013 年第 5 期,第155-160 页。

③ 甄贞:《刑事证人出庭作证程序设计与论证》,《法学家》2000 年第 2 期,第 49 页。

有权查问在法院出庭的证人,并有权请专家或其他能说明事实真相的人出庭作为证人。

《德国刑事诉讼法典》第239条规定了交叉询问,"依检察院、辩护人的一致申请,审判长应当让检察院、辩护人询问由他们提供的证人、鉴定人。对由检察院提名的证人、鉴定人,检察院有权首先询问,对由被告人提名的证人、鉴定人,辩护人有权首先询问。在交叉询问后,审判长也可以对证人、鉴定人提出其认为就进一步查明事实有必要提出的问题"。第240条规定,"陪审法官在审判长的允许下,可以向被告人、证人和鉴定人进行发问。检察官、被告人、辩护人和陪审员在审判长的允许下也可以进行发问。但是,共同被告人不得直接向被告人发问"。第241a条第2款规定,陪席法官、检察官、被告人、辩护人可以要求审判长对证人提出进一步的问题,审判长依据任务进行裁量,认为询问不会对证人产生不利的,可以许可上述人员直接向证人发问。对证人等的发问权并不是绝对的,第241条规定,如果检察官、被告人和辩护人等滥用询问权,审判长可以剥夺他们的发问权。同时,对于与案件事实无关或不适当地发问,审判长有权制止。

《奥地利共和国刑事诉讼法典》第242条规定了证人、鉴定人在传唤时不出庭的后果。该条规定:"如果证人或专家鉴定人不顾传唤,在主审时不到庭,则主审法官可以命令及时地对其予以拘传。如果不能及时拘传,则应当就其可能在侦查程序中所作的陈述进行决定或者推延主审的日期。对缺席者应当由主审法官以决定形式判处1 000欧元以下的罚款。如果主审日期推延,则缺席者有义务对因其缺席所产生的费用进行补偿。为确保缺席者在新的日期出庭,法官有权对其拘传"。第248条第3款规定:"在询问每一名证人、鉴定人或者讯问共同被告人后,被告人均有权就各陈述发表自己的意见"。第249条规定:"除主审法官外,小陪审法庭的其他成员、诉讼的参与人、被害人及其代理人,在获得主审法官的同意后,均有权对任何一名受询问之人发问。主审法官应当驳回不受许可的询问;还可以制止其他不适当地发问"。第253条规定,"在证据程序进行中或结束时,主审法官可以向被告人,在必要时也可以向证人和鉴定人呈递有助于查明事实的物品,并应当要求其说明对此是否予以承认"。

《俄罗斯联邦刑事诉讼法典》第278条第2款规定,"证人,根据哪一方请求被传唤出庭的,该方首先向证人提问。法官在控辩双方询问证人之后向证人提问"。

第 282 条第 2 款规定,"在宣读鉴定结论后,控辩双方可以向鉴定人提出问题。在这种情况下,首先提出问题的应当是实施司法鉴定的一方"。同时,2013 年修改的第 281 条第 2 款规定了证人或者被害人不能出庭而宣读其之前供述作为证据材料的情形,同时也可以通过展示其参与实施侦察行为时制作的录像或者录音资料作为证据。该条规定的情形包括:刑事被害人、证人死亡的;刑事被害人、证人罹患严重疾病阻碍其出庭的;刑事被害人或证人是外国人并拒绝出庭的;自然灾害或者其他特殊情况导致刑事被害人或证人无法出庭的。

法国《刑事诉讼法典》2010 年修改的第 326 条规定了重罪案件中对证人不出庭的处理,该条规定,"受到传唤的证人不到庭的,法庭依检察院的要求,或者依职权,命令由公共力量将其带至法庭,听取其陈述,或者推迟审理,另期开庭。任何情况下,证人不到庭,或拒绝宣誓,或拒绝作证的,均得依检察官的意见,对其科处 3750 欧元罚款"。2010 年修改的第 437 条规定了轻罪案件中证人的出庭义务,"为了听取证词、陈述,作为证人受到传票传唤的任何人均有义务出庭,宣誓并作证"。第 438 条规定,"证人不到庭,或拒绝宣誓,或拒绝作证的,均得依检察官的意见,对其科处 3750 欧元罚款"。第 439 条规定,"如果证人不出庭,并且不能就此提出经认定有效的不出庭的理由,法庭依检察院的意见,或者依职权,命令公共力量将该证人立即带至法庭,听取其证词,或者将案件推迟审理"。第 332 条规定,在重罪案件中,"在证人每次提供证言后,审判长均可以对其发问,检察院、被告人与民事当事人的辩护人以及被告人与民事当事人都可以向证人发问"。第 454 条规定,在轻罪案件中,"证人每次提供证词之后,由审判长和民事当事人向证人提出他们认为必要的问题"。

西班牙《刑事诉讼法》第 708 条规定,"法官应当根据法律规定询问证人,随后,请求其作为证人的当事人可以向其进行适当的提问。其他当事人也可以向其提出合理问题以及根据证人的回答向其询问与本案相关的问题"。第 713 条第 2 款规定,"对未成年的证人,不得进行质证。但法官或者法院出具鉴定报告认为其质证必不可少的,且不会损害未成年人利益的除外"。第 714 条规定,"证人在审判中的证词与在预审中的证词有实质性差异时,任何一名当事人均可以要求宣读证人在预审中的证词。宣读证词后,审判长应当要求证人对两份证词中存在的差异或者矛盾部分作出解释"。第 715 条规定,"预审中的证人在庭审中对同一事实作证,但庭审中作虚假证言的,以伪证罪对其提起诉讼。同时可以根据《刑法典》的规定对其追究责任"。第 716 条规定,"对拒绝作证的证人应当当庭处以200 ～ 500 欧元的罚金。仍坚持不作证的,可以严重不服当局罪对其提起诉讼"。第 718 条规定,"证人无法出庭但法院认为其证词对案件审理至关重要的,若证人居住在法院所在地,审判长应当指派一名人员到达证人的居住地进行询问,当事人可以向证人提出其认为合适的问题"。

《意大利刑事诉讼法典》第 498 条规定了对证人的直接询问和反询问,该条规定,"公诉人或者提出询问证人请求的辩护人直接向证人提出问题。随后,未提出询问证人请求的当事人可以提出其他问题。请求询问证人的人可以提出新的问题"。此外,该法典还在第 511 ～ 514 条规定了法院允许在法庭上宣读的证据笔录以及禁止宣读的证据笔录。允许庭上宣读的笔录包括:其他诉讼中的证据笔录、因不可重复而进行的宣读、宣读居住在国外者的笔录以及被告人在初期侦查或初步庭审中作出的陈述。除上述规定的内容外,其他笔录禁止在法庭上作为证据进行宣读。同时,也禁止宣读在司法警察活动的笔录和其他文书。

英国《2003 年刑事审判法》第 116 条规定了证人不能到庭的情形,其中第 2款规定了证人不能到庭的五种情形:一是相关人已经死亡;二是相关人由于身体或精神状况不适宜作为证人;三是相关人身在英国以外,并且没有合理的可行性确保其出庭;四是虽然已采取合理可行的措施寻找,但仍然不能发现相关人的;五是由于担心相关人在诉讼中不能提供口头证据,不论是完全不提供还是仅仅在涉及该陈述的主体事项时不提供,法院许可该陈述作为证据提交。对于第五种情形中的"担心"应当做广义的理解:包括担心其他人死亡或者受伤或者遭受经济损失。法官在采纳不出庭的证人陈述时,应当考虑陈述的内容、采纳或者排除该陈述对诉讼一方当事人将造成的危险。虽然五种情形下证人可以不出庭,但是如果查明上述情形是由代表证人的人或者为了支持其案件而造成此种情形,则视为不符合五项条件。

在美国,对质询问权是联邦宪法第六修正案规定的内容。该条规定:"任何刑事被告享有与证人对质诘问的权利"。因此,对质询问权是保证被告人与证人进行面对面对质的权利以及被告人对证人进行诘问的权利。[①] 美国《加利福尼亚州

---

① 王兆鹏:《当事人进行主义之刑事诉讼》,台湾:元照出版有限公司,2004 年,第 187 页。

证据法》第 711 条规定了对证人的当场询问权利。在诉讼案件的审判中,证人仅于自愿到场的当事人在场,且于所有诉讼当事人均得诘问之情形下,使得被诘问而陈述。并且在第 760～764 条规定了诘问的方法与范围,对主诘问、反诘问、再主诘问、再反诘问、诱导性询问等进行了定义。在对证人的诘问过程中,法官需要对证人的诘问方式进行控制,保障迅速、清楚、有效地发现真实。在加利福尼亚州,对证人的询问主要是通过一问一答的形式进行,证人应当针对问题回答。同时,除非为了司法利益的需要,在主诘问和再主诘问时不得进行诱导性询问。庭前听审程序中证人的陈述与庭审所作陈述不一致时,法官应当排除庭前听审程序的陈述。但是,具有以下要件时可以不予排除:第一,证人于作证中被诘问时,已被赋予解释或否认该陈述的机会;第二,证人于诉讼中未经法院命令免于提出其他证言。第 772 条规定了诘问的顺序,与前述对诘问的定义顺序相同。在诘问过程中,经诘问的证人,除法院许可外,不得就同一事项再受诘问,但可以就他方诉讼当事人于诘问时提出之新事项再进行诘问。法院的该许可可以由法官裁量授予或收回。①

澳大利亚《2011 年联邦法院规则》第 29 条规定了对宣誓证人的交叉询问。该条规定,"当事人可以发出通知,要求提交宣誓书的人出庭接受交叉询问。该通知应当送达提交该宣誓书的当事人或反对使用该宣誓书的人。提交宣誓书的人被交叉询问的,使用该宣誓书的当事人可以对提交者进行再询问"。《新西兰2011 年刑事诉讼法》第 161 条规定司法官员有权签发令状逮捕需要作证的证人。该条规定,"司法官员可以签发令状逮捕一个人并将其带至法庭前,如果被传唤的证人未能于指定的时间和地点出席作证,并且对其未能出席提不出合理理由,而且司法官员确信传票已送达该人;或者不管传票是否传达,司法官员确信在庭审中一个人的证据被公诉人或被告人要求出示,并且该人在不被强制的情况下不会出席提供证据"。第 165 条规定了可以羁押法庭上拒绝提供证据的证人。该条规定,"在任何听审中,任何目前正在法庭上并且本可能被诉讼一方申请传唤作为证人出庭并被强制作证的人,可以被要求提供证据,不管该人是否已被传唤提供证据。如果证人无正当理由拒绝提供证据或者拒绝宣誓或者已经宣誓过但拒绝回

---

① 艾伦·辛德、安东尼·巴契诺、大卫·索纳新:《加州证据法与异议实务(第二版)》,蔡秋明、魏玉英译,台湾:商周出版,2005 年,第 97 页。

答向其提出的有关指控的任何问题,则法院可以根据具体情况,命令处以不超过7日的拘留,除非该人同意提供证据或者宣誓或者回答对其提出的问题。同时,法院可以签发对不出庭证人的逮捕令和羁押令"。

《韩国刑事诉讼法》第151条规定证人不出庭时可以对其进行罚款等处罚。该条具体规定,"证人经法院传票传唤而无正当理由不出庭的,法院可以决定因其不出庭而增加的诉讼费用由证人承担,并处以500万韩元以下的罚款;证人经法院传票传唤无正当理由不出庭的,法院可以决定对证人处以7日以下的拘留;受到拘留处罚决定的证人处于拘留场所时,所属拘留场所的负责人应当及时通报法院,法院接到通报后应当开庭询问证人"。第161条规定,"证人无正当理由拒绝宣誓或作证的,法院可以决定处以50万韩元以下的罚款"。第161条之二规定了询问证人的方式,"先由申请证人出庭的一方询问证人,发问完毕后,对方再询问证人"。第162条规定了个别询问与对质的原则,"询问证人应当分别进行,未询问的证人在庭时,应命令其退庭。必要时允许证人和其他证人、被告人进行当庭对质"。第163条规定,"检察官、被告人或者辩护人可以参与询问证人"。此外,第165条还规定了庭外询问证人的规定,第165条之二规定了通过录像等媒介的证人询问。

日本《刑事诉讼法》第150条规定了证人违反到场义务的处罚,"受到传唤的证人没有正当理由而不到庭时,可以裁定处以10万元以下的罚款,并可以命令赔偿由于不到场所产生的费用"。同时第160条也规定了拒绝宣誓、拒绝证言的处罚,该规定与第150条的规定一致。第151条则规定了拒绝到场罪,"作为证人受到传唤没有正当理由而不到场时,可以裁定处以10万元以下的罚金或者拘留。犯前款罪的,可以根据情节并处罚金或拘留"。第161条也规定了拒绝宣誓、证言罪,与第151条规定一致。第157条规定询问证人时的在场权以及询问权,"检察官、被告人或者辩护人,可以在询问证人时在场,并且在询问证人在场时的场合告知审判长后询问证人"。《刑事诉讼规则》第121条、第122条分别规定了询问证人之前告知拒绝作证的特权和拒绝作证的后果。第123条规定,"对于证人应当分别询问。并在随后的证人出庭时令其退庭"。第124条规定,"在必要时,可以是证人与其他的证人或者被告人对质"。

从上述各国关于证人出庭作证制度与对质询问权的规定来看,呈现出的整体特点有以下几点。第一,证人出庭作证规定较为详细。证人出庭作证的规定较为详细,特别是对证人出庭作证的令状签发、证人作证的范围等问题,都有明确的规定。并且,被告人在证人不出庭作证时有权提出异议,甚至在有些情况下对证人不出庭作证的后果具有决定作用。第二,证人不出庭作证的法律后果有了明确规定。多数国家对此问题进行了规定,对证人不出庭作证的法律后果主要是从证人方面进行规制,对不出庭作证的,可以予以财产处罚,也可以给予行政处罚,甚至在有些情况下可以给予刑事处罚。但是,各国对法律后果的规定,缺乏对申请方制裁的规定,证人不出庭作证的,有的国家并没有规定提出证据的一方是否需要承受不利的后果。第三,除国际公约和美国、英国的规定外,对质询问权在各国的规定并不充分。对质询问权在英国和美国发展较为充分,作为当事人主义诉讼传统国家,注重对被告人诉讼权利的保障,注重法官居中裁判、双方当事人平等对抗。但是,在其他国家,则对对质询问权规定相对欠缺,并不充分。

二、对质询问权的域外判例及学者研究

在国外,对对质询问权形成了不少的判例,特别是美国最高法院和欧洲人权法院都通过判例的形式确立了一系列的规则。对于对质询问权的研究,国外不论是立法还是理论研究都比我国要早得多,对域外对质询问权的研究能够帮助我们了解域外的运行状况,对我国目前庭审实质化的改革具有借鉴作用。

美国最高法院判例的发展。美国第六修正案的发展经历了多个阶段,主要包括 Mattox 时代、Robert 时代、Crawford 时代以及后 Crawford 时代。在 Mattox 时代,Pointer 诉德克萨斯州一案中,美国高等法院认为,第六修正案的对质条款被第十四修正案的正当程序条款包含,二者处于绑定状态。① 在加利福尼亚诉 Green 案件中,最高法院否认了"对质条款如普通法历史上存在的一样,是传闻证据规则机器里外的法典化"的观点。并且最高法院提出了两条意见:第一,如果申请人出庭作证并对早期传闻陈述作出回应,那么其在庭外做出的证言不能因为对质条款而禁止;第二,如果检察官尽最大努力让证人出庭,但是有证据证明证人不能出庭,那么其庭前证言在符合口头询问并满足被告人交叉询问的情况下,对质条款

---

① See Pointer v. Texas, 380 U. S. 400(1965).

并不禁止该证言的适用。①

在 Robert 时代,最高法院通过一系列的判例完善了对质条款。在俄亥俄州诉 Robert 一案中,美国最高法院针对传闻证据的适用,对该条款作出了包含两部分的解释。第一,必要性规则。庭外证言陈述是否遵循交叉询问规则,检控方必须提出或者说明提出对被告人不利证言的证人不能出庭的原因。第二,可靠性规则。如果证人不能出庭,当有足够的证据表明其具有可靠性,该证人的庭外陈述才可以采纳。② 在怀特诉伊利诺伊州一案,最高法院判决认为,罗伯特案确立的必要性规则并不适用于证人受到刺激后的陈述以及医疗说明。③ 丽莉诉弗吉尼亚州一案,对共犯的庭外陈述是否符合"可靠性规则"作出判决:共犯庭外向警察作的忏悔书不符合可靠性规则的规定。共犯和被告人之间存在利益冲突,因此,其陈述不应当属于传闻证据的例外。④

在 Crawford 时代,美国最高法院通过克劳福德案件推翻了罗伯特案件确立的规则,并确立了"证言性陈述规则",即符合传闻例外的陈述为证据是否会侵犯被告人的对质询问权,应当以该陈述是否属于"证言性陈述"为标准。但是,美国最高法院并没有对"证言性陈述"作出明确的解释。⑤ 在后 Crawford 时代主要通过一些判例对克劳福德案件遗留的问题进行完善。Davis 诉 Washington 案指出,受害人向警察报警的电话不属于"证言性陈述",因为警察接受电话的目的是解决受害人的紧急情况,而不是为之后的法庭审判收集证据。⑥ Whorton 诉 Bockting 案中,最高法院进一步指出,法院采纳非证言性陈述并不违反第六修正案规定的对质权。⑦ 在 Giles 诉 California 一案中,因被告人本人的不法行为导致证人不能出庭应诉作证的,不属于侵犯被告人对质询问权的情形。⑧ 最高法院在 Melendez-Diaz 诉 Massachusetts 案中指出,实验室技术人员对被告人持有的可卡因的鉴定

① See California v. Green, 399 U. S. 149(1970).

② See Ohio v. Roberts, 448 U. S. 56(1980).

③ See White v. Illinois, 502 U. S. 346(1992).

④ See Lilly v. Virginia, 527 U. S. 116(1999).

⑤ See Crawford v. Washington, 541 U. S. 36(2004).

⑥ See Davis v. Washington/Hammon v. Indiana, 547 U. S. 813 (2006).

⑦ See Whorton v. Bockting, 127 S. Ct. 1173 (2007).

⑧ See Giles v. California, 128 S. Ct. 2678 (2008).

属于证言性陈述,如果该技术人员不出庭接受质证,则侵犯了被告人的对质询问权。①Michigan 诉 Bryant 案中,生命垂危的受害者对警察关于"谁用枪击他"的问题的回答不属于证言性陈述,因为射击者的动机、意图以及所处位置不明确导致了持续性的危险。②Bullicoming 诉 New Mexico 案中,对醉酒被告人的血液的酒精检测分析报告也属于证言性陈述,进行酒精检测的技术人员如果不出庭接受质证或者让没有从事检测工作的其他人员出庭,则侵犯了被告人的对质询问权。③Williams 诉 Illinois 一案中,最高法院多数意见认为,专家证人严重依赖实验报告作证时,该实验人员不出庭并不构成对对质询问权的侵犯。因为,该技术人员在进行实验时并不能预测报告结果对控方指控被告人有罪产生帮助。④

美国一些学者也对该问题进行了研究,并且提出了自己的观点。与欧洲人权法院关于对质询问权的规定相比,美国的规定更为严格。在美国,庭外所做的证明案件事实的陈述属于传闻,大多数传闻陈述不得作为证据使用,但是存在例外。对质询问权是起源于罗马时期的概念,但是,该概念的直接来源是普通法。英国普通法与大陆法系国家的法律不同,在证人出庭作证问题上,普通法更倾向于证人亲自出庭作证。⑤

在克劳福德案件之后,美国曾经出台了《2006 年军事委员会法案》(Military Commissions Act of 2006),对特定案件中被告人的对质询问权做出了限制。有的学者对此提出批评,认为该法案对被告人对质询问权的侵犯落后于国际条约的规定。⑥同时,该学者认为,如果军事委员会不保障被告人最基本的包括对质询问权在内的诉讼权利,那么刑事诉讼将失去其价值。有的学者认为,美国之所以在证人不出庭作证是否侵犯对质询问权方面经常出现判例法的改变,原因之一就是最高法院大法官的成员和观点在发生变化。之所以存在证人不出庭作证是否影响

---

① See Melendez-Diaz v. Massachusetts, 129 S. Ct. 2527 (2009)

② See Michigan v. Bryant, 131 S. Ct. 1143 (2011).

③ See Bullicoming v. New Mexico, 131S. Ct. 2705 (2011).

④ See Williams v. Illinois, 132S, Ct. 2221 (2012).

⑤ See Jerold H. Israel, Yale Kamisar, Wayne R. LaFave, Nancy J. King. Criminal Procedure and the Constitution, THOMSON WEST, 2007, 770.

⑥ See Abigail S. Kurland, The Military Commissions Act Of 2006: An Analysis Of The Treatment Of Hearsay Evidence And Witness Confrontation, 3 Ijps 67 2007, 67.

对质询问权的争议,是因为在理论方面存在争议,人们之间的观点存在差异①。

欧洲人权法院也针对对质询问权问题作出过一些判例,并且这些判例确立的规则越来越完善,从确立"唯一、决定性规则"逐步走向确立"三步审查规则"。欧洲人权法院确立的对质询问权规则是一步一步逐渐确立起来的,并且还在处于不断改进的过程中:安特皮廷戈诉奥地利一案确立了"唯一性规则",②后来又通过多森诉荷兰一案确立了"唯一、决定性规则",③但是此时的"唯一、决定性规则"还不完整,其最早的完整表述见于 A. M 诉意大利一案,在该案中对此进行了完整表述,"如果未出庭的庭前证人证言对被告人的定罪具有唯一、决定性的作用,而被告人在审前阶段也未直接或者间接询问证人,那么这将违反公约第 6 条第 3d 项的规定"。④

在欧洲人权法院关于对质询问权的判例中最著名的就是卡瓦贾、泰合瑞诉英国一案。该案中,欧洲人权法院与英国国内法院存在很大分歧,在人权法院的判决中,大法庭法官对国内关于该案的批判进行了逐项的解释。英国国内对"唯一、决定性规则"提出了质疑,并给出四项理由:第一,英国作为普通法法系国家不需要"唯一决定性规则";第二,该规则在实践中的运用具有困难;第三,该规则的适用所依据的原则没有得到充分讨论;第四,该规则在司法实践中的适用过于僵化。欧洲人权法院对此进行了一一回应:第一,即使存在法系的差别,并且英国对对质询问权的规定较为充分,但是在英国的立法中也规定了很多的例外,"唯一、决定性规则"对保障公正审判具有重要价值;第二,"唯一"专指针对被告人的唯一证据,"决定性"是指证据对案件事实具有重要性的作用,证据是否具有决定性取决于其强度,证明性越强,则缺席正确系证人的陈述越不能作为决定性证据;第三,"唯一、决定性规则"遵循的原则应当是公正审判。缺席证人的证言越重要,其不出庭对被告人的公正审判权损害越大;第四,"唯一、决定性规则"的目的是保障被告人的对质询问权,而不是僵化适用。被告人不能被置于无法与针对他的证人

---

① See Robert K Kry. confrontation At A Crossroads:crawford's Seven-Year Itch,6 Charleston L. Rev. 49 2011-2012,60-61.

② See Unterpertinger v. Austria. 1986. 9120/80.

③ See Doorson v. the Netherlands. 1996. 20524/92:72.

④ See AM v. Italy. 2000. 37019/97:25.

进行对质的境地,审判程序必须保障其获得公正审判的权利。①

　　针对庭外证人陈述对被告人对质询问权的影响,欧洲人权法院在卡瓦贾案件中考虑到英国国内因素,允许"唯一、决定性规则"存在例外,但是,欧洲人权法院对"唯一、决定性规则"的让步也将会引起一些评论者对斯特拉斯堡法院放弃底线的批判。② 卡瓦贾案件确立的"三步检验规则"的内容是:第一,证人是否有充分理由不出庭参与审判,以及法院是否有充分理由采纳缺席证人未经质证的陈述作为证据;第二,缺席证人在庭外做出的陈述对被告人定罪是否具有唯一、决定性作用;第三,是否存在足够的平衡因素,包括强有力的程序保障措施,以弥补因采纳未经检验的证据而对被告造成的不利,并确保审判作为一个整体是公平的。卡瓦贾三步检验规则是对传统"唯一、决定性规则"的颠覆性变革,三步检验规则对于保障被告人获得公正审判权具有重要价值。

　　卡瓦贾案件之后,对被告人对质询问权的保障更深入一个层次,特别是对三步检验是否具有顺序的要求进行了探索。在 Schatschaschwili 诉德国一案中,对三步检验的顺序进行了讨论。欧洲人权法院认为,其主要目的是追求案件的整体公正性,检验的所有三个步骤都是相互关联的,并且综合起来用于确定所讨论的刑事诉讼程序整体上是否公平。因此,在给定案件中,可以通过不同的顺序进行检验,特别是如果其中一个步骤被证明对于诉讼的公正性或不公正性是特别确定的。③

　　有的学者对欧洲人权法院和美国的对质询问权进行对比,欧洲人权法院确立的"唯一、决定性"规则要求,对被告人的定罪具有决定性作用证言的证人必须出庭接受询问,除非证人死亡或者有其他不能出庭的正当理由,否则其证言不得出现在法庭上。美国宪法第六修正案规定的对质讯问条款要求,未出庭证人的证言性陈述不得作为证据出现在法庭上。但是,该对质条款可因被告人的放弃或者不当行为而丧失。美国的对质询问权在某种程度上要比欧洲人权法院的对质询问

<hr />

① See Al-Khawaja and Tahery v. the United Kingdom. 2011. 26766/05 and 22228/06;114-118;126- 147.

② See Mike Redmayne, Confronting Confrontation, Criminal Evidence And Human Rights, Edited By Paul Roberts And Jill Hunter, Oxford And Portland, Oriegon, 2012, 166.

③ See Schatschaschwili v. Germany, 2015. 9154/10, 118.

权严格。①

第三节　我国对质询问权的改革进路

对质询问权的改革进路是我国在庭审实质化改革过程中必须面对的问题,特别是在当前以审判为中心的诉讼制度改革潮流下,对质询问权的发展更为紧迫。对质询问权的进路应当既注重我国已经取得的成就和立法效果,考虑我国对质询问权的生存环境,同时,对域外对质询问权的先进经验予以借鉴,完善我国对质询问权的法律规定,为实现庭审实质化添砖加瓦,使以审判为中心的诉讼制度改革顺利进行。

一、证人出庭作证的细化规定

证人出庭作证制度是实现对质询问权制度的预设,只有保障证人出庭作证,才能实现被告人与控方证人的对质,保障其对质询问权的实现。因此,我国对质询问权的改革进路首先需要解决证人出庭作证问题。

第一,出庭作证的案件范围。出庭作证的证人范围是对质询问权中应当关注的问题,哪些证人需要出庭作证对对质询问权的实现具有影响。是否所有案件的证人都出庭作证才能保障对质询问权的实现? 笔者认为,并非所有的案件都需要证人出庭作证,我国刑事诉讼法规定的关键证人出庭作证制度就能够保障被告人对质询问权的实现。因此,笔者非常赞成我国目前关键证人出庭作证制度的规定,即对案件具有重大影响并且当事人要求证人出庭作证的案件才需要证人出庭作证。对证人证言不存在异议的则不需要证人出庭作证。同时,证人出庭作证问题还需要明确"证人"的范围,即哪些人可以成为证人? 我国刑事诉讼中证人的规定属于狭义上的证人概念,与美国等英美法系国家存在差异,英美法系国家的"证人"概念属于广义上的证人,不仅包括我国目前所规定的狭义上的证人,同时还包括被告人、被害人、专家鉴定人等广义的证人。欧洲人权法院在对各成员国的案件进行裁决时,对对质询问权的保障就包含要求作为广义证人的被害人出庭

---

① See Mike Redmayne, Confronting Confrontation, Criminal Evidence And Human Rights, Edited By Paul Roberts And Jill Hunter, Oxford And Portland, Oriegon, 2012, 166.

作证。笔者认为,在保障对质询问权的前提下,证人出庭作证问题应当包括被害人出庭作证、鉴定人出庭作证等问题。

第二,出庭作证的决定主体。《刑事诉讼法》第192条规定人民法院认为证人有必要出庭作证的证人应当出庭作证,可以看出,证人出庭作证的决定权在人民法院。证人出庭作证有三个条件:一是对证人证言有异议;二是证人证言对定罪量刑具有重大影响;三是人民法院认为有必要出庭作证。这三项条件中最重要的就是第三个条件:人民法院认为有必要。这就造成证人是否出庭作证的决定权在人民法院,而不是由申请证人出庭作证的一方决定。这种情况下对申请证人出庭作证的一方可能造成不公平,其合法权益有可能被侵犯,特别是在被告方申请与不利于他的证人对质而得不到准许时,更是如此。笔者认为,对此可以进行修改,方案有两种。第一,申请证人出庭的,原则上都出庭。这种情形保障了有异议的申请人的对质询问权,使其能够与不利于己方的证人进行对质。第二,当事人提出申请,法官进行审查,但是给予申请人申请不成功时的救济权。这种方案中,如果当事人一方要求证人出庭进行对质,则法院应当对其申请进行审查,如果符合条件,则要求证人必须出庭;如果不符合条件,则由法官驳回申请,但是应当保障申请人的救济权。

第三,证人不出庭的法律后果。需要出庭的证人没有出庭的,应当承担一定的法律后果,对规范证人出庭作证制度具有重要价值。《刑事诉讼法》规定了强制证人出庭作证制度,对无正当理由不出庭作证地予以训诫、行政拘留等惩罚,对鉴定人不出庭的,其鉴定意见不能作为定案的依据。这两种形式只是规定了单一的处罚形式,并没有对不出庭的证人、鉴定人和证言的受益方同时给予制裁。一方面,证言的受益方应当承担证人或者鉴定人不出庭的不利后果。一般情况下提出证人证言或鉴定意见的一方属于证言的受益方,如果其提出的证言的做出者不出庭,那么将会给对方造成不利,侵犯对方的对质询问权。因此,本方在提出证言的同时应当确保证人出庭,如果证人不出庭,则应当承担证言排除的不利后果。另一方面,不出庭作证的证人和鉴定人也应当承担不出庭的后果。证人不出庭作证的,我国规定了训诫和行政拘留等措施,在国外存在金钱处罚,对不出庭的证人给予一定数量的罚款或者缴纳相应的诉讼费用,甚至在有些国家还规定了刑事处罚。笔者认为,我国也应当建立相应的机制,从金钱处罚到行政处罚再到刑事制裁的机制都应当建立,只有这样才能使证人出庭作证更加规范,被告人的对质询问权才能得以保障。

二、通过保障对质询问权实现庭审实质化

庭审实质化是我国刑事庭审追求的目标,庭审虚化问题一直被刑事诉讼理论界所诟病。解决庭审虚化问题首先需要保障对质询问权的实现,特别是被告人的对质询问权更是关注的重点。实现庭审实质化是我国审判中心主义改革的关键步骤,对保障刑事审判在诉讼中的中心地位具有重要价值。对质询问权是实现庭审实质化的关键,对坚持以审判为中心的诉讼制度也具有重要价值。

第一,双方对质的方式。对质方式是指本方与对方证人之间进行对质时采取的方式。对质方式问题与证人出庭作证的方式具有紧密联系。最为典型的对质方式为双方可视对质、单方可视对质以及书面对质。双方可视对质是指需要进行对质的双方可以看到对方的神情、动作等方式的对质。双方可视对质又可以分为面对面对质与视频对质两种形式。面对面对质是指申请证人出庭的一方与证人同时出现在法庭,并就证人提供的证言进行询问和交叉询问的对质方式。视频对质是指双方同时或者有一方不能出席法庭时,通过视频录像进行对质的方式。在实践中常见的视频对质是证人不出席法庭,但是可以通过视频的方式接受对方询问的方式。单方可视对质是指在对质过程中只有一方主体能够看到对方的动作、神情等,而另一方不能看到对方的动作、神情等的对质方式。这种对质经常出现于证人不适合出庭的案件,特别是一些重大犯罪、黑社会性质组织犯罪等案件中。书面对质是指证人不出席法庭作证,而是通过书面证言的形式将其所要证明的案件事实呈现于法庭,由对方针对书面证言中的内容进行质证的方式。书面形式的质证不应当属于对质询问权的质证方式,因为该种方式并没有保障双方的即时对质,不能实现双方的平等对抗。

第二,证人不出庭作证如何保障对质询问权的实现?证人不出庭作证问题是目前我国庭审实质化建设中遇到的难题,申请人的对质询问权也不能实现。在证人不能出庭作证时,应当进行特殊规定,证人因不得已的理由不能出庭作证时,可以对其通过视频连接的形式进行对质,使证人与对方进行充分的质证。同时,对于证人因死亡或者重病而不能进行质证的,可以将案件延期审理。对应当出庭作

证的证人不能出庭作证的,申请证人出庭作证的一方将失去与证人对质询问的权利,为保障申请人的对质询问权,只能采取延期审理的方式予以救济。证人不能出庭作证而又需要保障被告人对质询问权的,体现了刑事诉讼中公正与效率的关系。我国关键证人出庭作证制度的设立是集诉讼公正与诉讼效率的制度,证人不出庭作证的案件中,双方当事人对证据没有异议,可以使刑事诉讼顺利进行,尽快审结,体现了刑事诉讼的效率价值。当事人对证人证言有异议的,证人应当出庭接受对方的对质询问,保障被告人获得公正的审判,实现刑事诉讼的公正价值。

第三,对符合条件的证人不出庭作证的审查。证人不出庭作证需要充分的理由,欧洲人权法院在其判决中对对质询问权的态度发生了变化,对不能出庭的证人进行审查时的标准也发生了变化,由"决定性规则"发展为"唯一、决定性规则"再发展到目前的"三步检验法则",并且对"三步检验法"中三项条件的顺序问题也开始了讨论。在美国,宪法修正案六对对质询问权作出了规定,因此,该条款又称为对质条款。美国对质条款也经历了由绝对性到相对灵活的发展历程。我国在对应当出庭作证的证人不出庭作证进行审查时应当确立一定的标准,笔者认为,我国对证人不出行作证的审查应当注重理由的审查,其次应当注重证据能力方面的审查。证人不出庭作证的理由应当具有确定性,不能在法律中作出笼统的规定。同时,证人不出庭作证的理由应当注重实质性,对于能够采取措施保障证人出庭的,应当尽力保障证人出庭,否则其证言就不能作为认定案件事实的依据。

第八章

刑事缺席审判制度研究

《刑事诉讼法》于 2012 年设置了违法所得没收程序,目的在于解决特殊案件中犯罪嫌疑人、被告人逃匿、死亡后追缴其违法所得和其他涉案财产的问题,启动违法所得没收程序的条件之一是,犯罪嫌疑人、被告人逃匿,通缉一年后仍不到案或者犯罪嫌疑人、被告人死亡。但违法所得没收程序具有民事程序的典型特征,不能解决被追诉人的刑事责任问题。2018 年修改的《刑事诉讼法》明确将"缺席审判程序"纳入刑事诉讼特别程序,并对缺席审判程序的适用范围、管辖、辩护和上诉等问题作出规定,从而建立起较为完备的刑事缺席审判程序。

第一节　缺席审判程序及确立必要性

缺席审判程序作为刑事特别程序,在提高诉讼效率层面具有重要价值,能够保障刑事诉讼程序的快速审结。缺席审判程序意味着诉讼一方缺席刑事审判,这与对席审判形成鲜明对比。缺席审判程序在应然意义上既包括被告人缺席审判程序,也包括公诉人缺席审判的程序。从个人基本权利保障的角度讲,被告人缺席审判程序更需要引起关注。

一、缺席审判的界定

对于何谓缺席审判,在理论界存在不同的声音,就主流观点而言,缺席审判是指法院在被告人不出庭的情况下,对案件进行审理和判决。① 缺席审判程序是与对席审判程序相对应的诉讼程序。2018 年《刑事诉讼法》修改之前,新中国刑事诉讼中除违法所得没收程序外,未曾规定缺席审判程序,但是通过对缺席审判程序的规范梳理发现,我国历史上曾出现过缺席审判程序。民国二十四年颁行的《中华民国刑事诉讼法》第 260 条规定,"审判期日除有特别规定以外,被告不到庭者,不得审判。许被告用代理人之案件得由代理人到庭"。② 由该条可以看出,当时的刑事诉讼以对席审判为原则,以缺席审判为例外。在之后的刑事诉讼发展中,特别是在新中国成立后,缺席审判程序在我国刑事诉讼中就非常罕见了。此外,域外国家和地区也存在缺席审判程序的规定,譬如在法国,如果被告人未被捕获、未到庭或者经传唤无正当理由不到庭,可以对被告人进行缺席审判。③《法国刑事诉讼法》第 270 条、第 410 条以及第 412 条分别规定了对重罪、轻罪等案件的缺席审判。德国也设立了缺席审判程序,但与法国不同,德国的缺席审判程序只能够保全案件的证据,必要的时候可以扣押被告人的财产,但是不能对被告人进行定罪。④ 德国《刑事诉讼法》第 276 条、第 285 条、第 290 条以及第 292 条详细规定了刑事诉讼中的缺席审判程序。德国的违法所得没收程序属于一种财产保全措施,缺席审判程序也是对被告人的保全措施,不具有对被告人定罪量刑的属性。

除被告人缺席审判外,应然意义上的缺席审判还包括控诉方缺席的审判程序。缺席审判与刑事诉讼构造具有密切关系。在刑事诉讼中,诉讼构造包括法官、被告人和公诉人三类主体,缺少任何一方都会造成诉讼程序的不完整。但是由于法官居于裁判者的地位,其不可能在刑事诉讼中处于缺席状态,否则诉讼程序将无法进行。在被告人缺席审判程序的情形中,被告人主动放弃参与审判的情况下可以实现审判程序的顺利进行。在公诉人缺席刑事审判程序中,特定情形下也可以实现刑事诉讼的顺利进行。故刑事诉讼中的缺席审判还包括公诉人缺席审判。

公诉人缺席参加审判程序并不是缺席审判程序的常态,本章仅对其进行简单

---

① 张建伟:《刑事诉讼法通议》,北京:北京大学出版社,2016 年,第 614 页。

② 夏勤:《刑事诉讼法释疑》,北京:中国商务印书馆,1946 年,第 278 页。

③ 宋英辉、孙长永、朴宗根等著:《外国刑事诉讼法》,北京:北京大学出版社,2011 年,第 237-238 页。

④ 戴长林:《刑事案件涉案财物处理程序——以违法所得特别没收程序为重点的分析》,北京:法律出版社,2014 年,第 14 页。

介绍,并不将其作为研究对象。绝大多数刑事案件通常是由公诉人出庭对被告人的犯罪行为进行指控,特别是 2012 年修改《刑事诉讼法》之后,即便是对简易程序案件的审理也必须由公诉人出庭支持公诉。之所以公诉人缺席审判的情形较少,一方面是因为公诉机关具有控诉的义务,在刑事审判中,其必须出庭指出被告人是否构成犯罪以及提出影响量刑的证据。二是为保障检察机关的国家公信力而需要公诉人出庭。公诉人出庭参与审判并不是以个人身份参加,而是代表国家对被告人的行为是否构成犯罪向法院提出控诉,这种情况下更多地体现了检察机关所代表的国家公信力。特别是在重大犯罪案件中,如果公诉人不出席法庭参加审判,将使检察机关的司法权威大打折扣,有损司法公信力。不过,公诉人出庭在应然意义上也属于缺席审判的种类,在司法实践中,基于诉讼效率的考虑,在被告人认罪认罚的轻微犯罪案件中,案件事实已经查清的情况下,如果在庭前调查法官的主持下已经达成协议,公诉人也可以不出庭支持公诉。

二、确立缺席审判程序的必要性

我国现代刑事诉讼制度中本来不存在缺席审判程序,但随着刑事诉讼理论与实践的发展,缺席审判程序在刑事诉讼中确立变得越来越有必要,很多学者也建议在我国建立缺席审判程序。陈光中先生曾在刑事诉讼法修改的专家建议稿中明确将"缺席审判"作为刑事诉讼程序的一节,把缺席审判程序的适用对象限定为重大贪污贿赂犯罪案件,并认为缺席审判的被告人有权获得法律援助并不得被判处死刑。[①] 因此,为顺应确立缺席审判程序的发展趋势,2012 年修改刑事诉讼法时,我国确立了违法所得没收程序。而从当前来看,2018 年《刑事诉讼法》的修改也印证了确立缺席审判程序的必要性。

第一,贪腐犯罪的增加与贪腐官员的外逃加速了缺席审判程序的确立。被告人缺席审判程序的确立具有重要的时代价值,正如陈光中先生所言,建立缺席审判程序是对违法所得没收程序的补强,对于反腐败法治的建设具有重要意义。[②] 改革开放以后,贪腐官员的外逃给国家财政和司法权威造成了极大的损害和负面

---

① 陈光中主编:《中华人民共和国刑事诉讼法再修改专家建议稿与论证》,北京:中国法制出版社,2006 年,第 180 页。

② 陈光中、肖沛权:《刑事诉讼法修正草案:完善刑事诉讼制度的新成就和新期待》,《中国刑事法杂志》2018 年第 3 期,第 6-7 页。

影响,为了有效地惩治犯罪,我国在刑事立法中也采取了系列措施治理贪污腐败犯罪,违法所得没收程序遂应运而生,但这一制度的本质是对物之诉。[①]针对该类案件中被告人刑事责任的承担问题,单纯的对席审判显然已无法满足司法实践的需要,为实现打击贪污腐败犯罪的目的,追究逃匿域外的犯罪分子的刑事责任,有必要确立缺席审判程序。

第二,缺席审判程序的建立顺应了国际惩治贪腐犯罪的大趋势。随着社会经济的发展,世界范围内的贪污腐败犯罪越来越猖獗,给各国造成的损失也越来越大。对此,《联合国打击跨国有组织犯罪公约》《联合国反腐败公约》等系列国际性公约出台,目的在于打击贪污腐败犯罪活动并抑制其发生。作为世界上发展迅速的经济体,我国惩治贪污腐败犯罪的形势也非常严峻。国际反腐败公约中的一项重要制度是引渡制度,但由于我国不存在刑事缺席审判程序,导致刑事司法与其他国家的刑事司法无法实现有效对接,致使引渡等相关工作的开展存在困难。因此,国际惩治贪腐犯罪的大形势加速了我国刑事缺席审判程序的建立。

第三,缺席审判程序的建立能够完善我国刑事诉讼制度体系。缺席审判程序在我国刑事诉讼制度中很少出现,如前所述,只有在新中国成立前的刑事诉讼中存在过,在新中国成立后特别是改革开放之后,缺席审判程序就没有出现过。从国际刑事诉讼发展的趋势看,刑事诉讼的对抗制色彩越来越浓,双方当事人的权利越来越受到重视,也能够得到更强的保护。对抗制诉讼保护的不仅应是犯罪嫌疑人、被告人的合法权益,对被害人、利害关系人遭受的损失也应给予重视。如果不确立刑事诉讼的缺席审判程序将会导致受害人及其他利害关系人所受伤害救济的不及时。缺席审判程序的确立弥补了完全依靠对席审判带来的弊端,使得我国的刑事诉讼体系开始形成缺席审判与对席审判并存的制度体系。

第二节　被告人缺席审判程序的内容

2018 年《刑事诉讼法》将被告人缺席审判程序作为刑事诉讼的特别程序与未成年人犯罪案件诉讼程序、违法所得没收程序等共同构成我国刑事诉讼特别程序的体系,属于对刑事诉讼程序的不断丰富,也是针对特殊案件适用特别程序的探

[①]　陈瑞华:《刑事对物之诉的初步研究》,《中国法学》2019 年第 1 期,第 204 页。

索。被告人缺席审判程序在刑事诉讼法中的规定主要涉及缺席审判的类型、缺席审判案件的管辖、缺席审判程序的启动条件、缺席审判诉讼文书的送达、缺席审判程序的辩护与法律援助、缺席审判的救济程序和缺席审判的重新审理等内容。

一、被告人缺席审判的类型

《刑事诉讼法》规定了可以进行缺席审判的三种情形,包括特殊犯罪案件被追诉人在境外、被告人患有严重疾病无法出庭且经相关人员提出申请、被告人死亡但有证据证明其无罪。有学者针对这三种情形的设置提出了质疑,认为后两种缺席审判并不属于完整的缺席审判程序,只是刑事诉讼的一个阶段。[①] 本章依据法律规定进行梳理,将后两种情形列为独立的缺席审判程序。

首先,缺席审判程序适用于特定的犯罪案件。《刑事诉讼法》第 291 条规定了缺席审判适用的特定罪名。[②] 该类缺席审判只适用于贪污贿赂犯罪案件、严重危害国家安全犯罪和恐怖活动犯罪案件,并且后两种犯罪案件受到至少两个条件的限制:需要及时进行审判和经最高人民检察院核准。但是本条还规定了"犯罪嫌疑人、被告人在境外",至于这一条件是对严重危害国家安全犯罪、恐怖活动犯罪案件的限制还是对三类案件的共同限制存在争议。笔者认为该条件对三类犯罪都适用,一是因为缺席审判程序的一个重要目的在于打击贪污腐败犯罪案件,多数无法实现打击目的的贪污腐败犯罪案件都是因为犯罪嫌疑人、被告人在境外,因此从打击犯罪的诉讼目的出发,该项条件适用于贪污贿赂犯罪案件。二是从当前打击贪污贿赂犯罪案件的现实情况来看,未受到打击的犯罪嫌疑人基本处于境外,无法实现对其有效打击。惩治贪腐犯罪是党的十八大以来,以习近平同志为核心的党中央深入贯彻全面依法治国方略所做的一项制度安排。[③] 当前贪腐案件

---

① 万毅:《刑事缺席审判程序立法技术三题》,《中国刑事法杂志》2018 年第 3 期,第 30 页。

② 该条规定:《对于贪污贿赂犯罪案件,以及需要及时进行审判,经最高人民检察院核准的严重危害国家安全犯罪恐怖活动犯罪案件,犯罪嫌疑人、被告人在境外,监察机关公安机关移送起诉,人民检察院认为犯罪事实已经查清,证据确实、充分,依法应当追究刑事责任的,可以向人民法院提起公诉。"

③ 王晓东:《新时代背景下惩治贪腐犯罪若干问题的思考——基于审判贪腐案件的实践展开》,《法治研究》2018 年第 6 期,第 89 页。

中存在大量外逃人员,并且这些犯罪人员的级别较高,呈逐年递增的态势。① 这些人员在实施贪腐行为之时不仅着眼于敛财,而且通常对自身的犯罪行为有着清醒的认识,深知事发后将会面临严重的刑事处罚,因此会为自身及所敛财物准备好后路,在此前仅有对席刑事审判的情况下,逃往境外无疑是逃脱刑罚的最好方案,特别是逃往与中国没有引渡条约和刑事司法协助协定的国家是其首选。同时,违法所得没收程序只能就财物问题进行裁判,无法对被追诉人形成威慑,缺席审判程序的设立是实现及时追究外逃贪官刑事责任的最优手段。

严重危害国家安全犯罪的案件规定于《刑法》第二编第一章,即危害国家安全罪,其中包含了 13 个罪名,属于社会危害性最为严重的犯罪种类。随着国家安全态势的日趋严峻,危害国家安全的行为样态也逐渐复杂化。② 恐怖活动犯罪属于危害公共安全罪的范畴,涵盖 7 个罪名,这类犯罪社会危险性较大。当前中国的暴恐犯罪进入了活跃期,反恐斗争越来越激烈。③ 这两类犯罪行为的特征明显,极易造成国家安全受到威胁、社会恐慌与动乱的严重后果。并且,这两类案件的组织、策划人员通常不在中国境内,部分犯罪行为的实施也不在境内,实施犯罪的人员在案发后或者未达到犯罪目的后的首要选择也是逃亡境外,以避免受到刑事处罚。因此对这些犯罪人员施以刑罚尤为重要,只有刑罚的严格执行方能震慑犯罪分子,打击境外反动势力和恐怖活动组织,这不仅能够保障我国社会的安定团结,也是我国为国际反恐活动履行自己责任的有力体现。

其次,被告人患有严重疾病无法出庭,且经相关人员申请的,也可以适用缺席审判程序。对于被告人患有严重疾病的案件需要缺席审判的,启动该程序需要满足以下条件。一是被告人患有严重疾病无法出庭。对于被告人患有严重疾病如何界定,目前我国刑事实体法和刑事程序法中都没有做出明确界定,有的学者认为,我国应当采取多元化的方式对"患有严重疾病"进行界定,包括医疗机构的书面诊断材料、办案单位聘请医生的诊断结果等。④ 笔者认为应当对是否属于"严

---

① 潘传辉、扬子江:《我国外逃贪官追逃追赃法律长效机制的构建》,《人民法治》2019 年第 4
　期,第 89 页。

② 李凤梅:《危害国家安全罪的规范缺失及立法补正》,《法商研究》2017 年第 5 期,第 26 页。

③ 屈耀伦:《恐怖主义犯罪的新特点和刑事规制》,《刑法论丛》2018 年第 1 卷,第 53 页。

④ 钟明:《'患有严重疾病'的法律解读》,《人民检察》2006 年第 11 期,第 47 页。

重疾病"进行医学与法学两方面的解读,既要从医学方面界定哪些疾病属于"严重疾病",也要从法学角度认定"严重疾病"是否对被告人的诉讼行为能力造成影响,因此应当至少包括两种情形:(1)被告人依赖于法庭上难以使用的医疗器械、药物来维持生命,这种情况下要求被告人出庭不仅会加重被告人自身的危险,不符合人道主义精神,同时给法庭的设备提出了很高的要求,增加了诉讼成本;(2)被告人无法正常表达。被告人出庭不仅是形式上的存在,而且需要被告人具备正常沟通能力,这里的沟通能力不仅包括言词表达,而且包括使用文字或手语等表达方式。被告人的"严重疾病"不仅应当包括生理上的疾病致使被告人表达能力受损,也应当包括某些严重的精神疾病,如分离性身份识别障碍,此时被告人的出庭不仅不能正常表达,甚至可能会扰乱法庭秩序,妨碍审判活动的正常进行。二是中止审理已经超过 6 个月。中止审理在刑事诉讼中既可以针对患有严重疾病的被告人,也可以针对脱逃的被告人,还可以针对因意外事件导致的中止审理,在缺席审判程序的适用中应当仅适用第一种情形导致的中止审理。对被告人逃脱和意外事件引起的中止审理不可以进行缺席审判。《刑事诉讼法》第 208 条对刑事案件一审审限作出了明确规定,即应当在受理后 2 个月内宣判,至迟不得超过 3 个月,对于可能判处死刑的案件或者附带民事诉讼的案件以及有该法第 158 条规定情形之一的,经上一级人民法院批准,可以延长 3 个月。也就是说,一般的案件审限最长为 6 个月,这意味着除特殊案件以外,刑事诉讼审判程序在效率上要求的最高容忍度为 6 个月。被告人在 6 个月的期限内都无法恢复到可以参加庭审的程度,这不仅造成诉讼程序的严重拖延,同时致使被害人的利益得不到及时补救、恢复,如果继续采取中止审理不仅无济于事还会导致司法威信的下降。三是被告人及其法定代理人、近亲属申请或者同意恢复审理。被告人患有严重疾病需要启动缺席审判程序的,应当经过本人或者其法定代理人、近亲属的申请或者同意,并且法官应当对同意或者申请的自愿性进行审查,特别是在同意的情形下,应当保障同意是基于自由状态作出的行为。同时应当对被告人的法定代理人和近亲属的申请和同意进行限定,法定代理人、近亲属需要出于保障被告人的利益而作出申请和同意,此处的保障被告人利益应当为帮助被告人及时摆脱诉讼状态的困扰,不仅包括被告人事实上无罪而应当获得无罪判决的情形,也包括被告人事实上有罪,但是无法尽快承担刑事责任、及时履行刑罚及补偿被害人的情形。需要注意的是,法定代理人、近亲属的申请或者同意不能使被告人面临危险,即在被告人可能被判处死刑的案件中,法定代理人、近亲属不应当作出缺席审判的申请或者同意,法院也不应当接受这样的申请和同意。

最后,被告人死亡的案件,人民法院在裁定终止审理后,发现被告人不构成犯罪的,可以缺席审判。该类缺席审判的条件包括以下方面:一是被告人死亡;二是人民法院作出了终止审理的裁定;三是有证据证明被告人无罪。其中在进行审查的时候应当注意以下问题。一是被告人"死亡"是仅为自然死亡还是包括宣告死亡?"死亡"在民法意义上包括自然死亡和宣告死亡两种情况,虽然刑事缺席审判程序是刑事诉讼的特别程序,但是在相关概念上也需要基于民法的规定,特别是涉及个人基本权利的场合更应当注重民法在个人利益保护方面的地位。笔者认为,被告人死亡的情形应当既包括自然死亡也包括宣告死亡,之所以秉持宣告死亡的观点,既是出于及时终结刑事诉讼程序以保障刑事诉讼效率的考虑,也是基于对国家和他人利益保护的考虑,特别是在涉及重大国家利益的案件中,承认宣告死亡,可以避免国家财产的持续损失。二是证明被告人无罪的证明标准是否为"案件事实清楚,证据确实、充分"?笔者认为刑事诉讼程序应当在审判阶段秉持统一的证明标准,即便有的案件中有证据证明被告人的行为不构成犯罪,也应当达到刑事审判定罪的证明标准,从而保证"无论是'存在无罪证据'还是'不存在无罪证据,但是定罪证据存在严重问题'均可适用该类缺席审判"①。这既是保障刑事审判证明标准一体化的需要,也是防止冤假错案的需要。

二、缺席审判案件的管辖与送达

《刑事诉讼法》第 291 条第 2 款规定了缺席审判案件的管辖,即由犯罪地、被告人离境前居住地或者最高人民法院指定的中级人民法院管辖。其中包含了两种情形。一是由犯罪地、被告人离境前居住地的法院进行管辖。这一方面是考虑到刑事案件由犯罪地法院进行管辖的原则,另一方面,是由于在犯罪地对外逃贪官的审判容易受到司法以外因素的干扰,同时离境前居住地往往也保存着与案件有关的部分证据,故由离境前居住地法院进行审判更有利于查明案件事实,对被

---

① 刘腾肤:《中国刑事缺席审判程序:理解与完善》,《四川师范大学学报(社会科学版)》2019
  年第 2 期,第 60 页。

告人进行合理合法的定罪量刑。二是被指定的中级人民法院管辖。中级人民法院此前的管辖范围包括危害国家安全、恐怖活动案件和可能判处无期徒刑、死刑的案件，符合缺席审判适用条件中后两种情形的要求，而对于第一种情形而言，选择出逃的贪腐人员通常贪污数额巨大，造成国家和人民利益的重大损失，被判处无期徒刑或者死刑的可能性极大，因此由中级人民法院管辖较为适宜，这也体现出刑事诉讼法对缺席审判程序适用的重视与谨慎态度。

诉讼文书是通知被告人的重要方式，也是对被告人诉讼权利的保障，使其有机会获得公正的审判。缺席审判诉讼文书的送达应当仅限于第一种缺席审判的情形，对于被告人患有严重疾病和被告人死亡的情形，人民法院是在申请或者同意或者被告人无罪的情况下启动缺席审判程序的，属于自愿或者对被告人有利的诉讼程序，缺席审判诉讼文书的送达不存在问题。在第一种缺席审判的情形中，缺席审判程序打破了控辩双方之间应有的平衡，因此有必要保障被告人的知情权，这也是为了保障被告人能够获得公正的审判。《刑事诉讼法》针对被告人在域外的情况规定的送达方式包括国际刑事司法协助方式和被告人所在地法律允许的方式两种。第一种送达方式通过国际条约和外交途径实现，属于国家层面运用外交途径实现。第二种方式则没有明确具体的送达方式，这既与各国刑事诉讼立法的差异性有关，也与立法的谨慎态度有关。笔者认为可以通过列举的形式明确送达的方式，特别是公告送达，在绝大多数国家可以通过公告方式实现，对此可以予以明确。

三、缺席审判程序中的辩护与法律援助

获得辩护人帮助与法律援助是实现被告人诉讼权利的主要方式，也是保障其获得公正审判的重要途径。有效辩护固然需要被告人配合，但是即使被告人潜逃国外不愿出庭或者患有严重疾病无法出庭，只要其不怠于行使诉讼权利，仍可以委托、协助律师为其辩护。[①] 缺席审判程序是在被告人不出席法庭审判的情形下进行的程序，被告人及其法定代理人、近亲属有权委托辩护人代表其参加刑事诉讼。陈卫东教授认为缺席审判中提供法律援助具有必要性，这既是保障刑事诉讼

---

① 袁义康：《刑事缺席审判程序的合理性及其完善》，《华东政法大学学报》2019年第2期，第137页。

构造完整性的需要，也是与高标准的国际刑事诉讼对接的需要。[①] 辩护人的出庭一定程度上可以弥补缺席审判造成的庭审结构上的缺陷。辩护人拥有独立的诉讼地位，不依赖于被告人出庭，也不必完全考虑被告人的意愿，因此辩护人既可以基于被告人的立场提出辩护意见，也可以从自己的角度进行辩护，以保障被告人的合法权益。无论被告人是否出庭，辩护人都需要基于专业能力和职业道德提供辩护。同时，刑事案件律师辩护全覆盖也有这方面的要求，缺席审判过程中虽然缺少了被告人出庭，但并不意味着被告人同时放弃了获得辩护的权利。笔者认为除上述两方面的原因外，保障缺席审判程序中的辩护权还有实现缺席审判目的的因素，当前设立缺席审判程序的重要原因在于及时确定被追诉人的刑事责任，追逃追赃，其裁判结果的执行基础在于获得被追诉人所在国家对缺席审判的承认。按照较高标准保障被告人辩护权，是保障获得这种承认的前提。故可以将缺席审判中的辩护人范围限缩为律师，以提高缺席审判程序中的辩护质量。

四、缺席审判的救济程序与重新审理

救济程序是保障被追诉人权益实现所采取的补救路径。当前刑事诉讼法中对缺席审判的救济程序主要从两方面规定：一是被追诉人归案后的异议权，二是被追诉人的上诉权。就前者而言，被追诉人归案包括审理过程中被告人自动投案或者被抓获和罪犯在判决、裁定发生法律效力后到案两种情形，这两种情况下法院都应当重新审理，这一规定的诟病在于赋予被告人能够不受限制地获取重新对席审判的权利，"这种异议权对一审判决的否定甚至比上诉权更彻底"[②]。不受限制的异议权不仅导致此前的缺席审判工作徒劳，将此前所形成的生效裁判结果置于尴尬地位，而且存在被追诉人可能滥用异议权之风险，同时也违背了缺席审判对诉讼效率的追求。有学者认为被告人异议权的行使不应直接发生导致缺席审判无效的后果，而只是引起法院的程序审查效果，应由法院根据当事人缺席审判是否存在过错或过失而作出不同处理。[③] 也有学者建议，被告人提出异议的，应当

---

① 陈卫东：《论中国特色刑事缺席审判程序》，《中国刑事法杂志》2018 年第 3 期，第 25 页。

② 甄真、杨静：《缺席审判程序解读、适用预期及完善建议》，《法学杂志》2019 年第 4 期，第 118 页。

③ 王剑虹：《论外逃贪官缺席审判程序的构建 —— 以〈联合国反腐败公约〉为背景》，《求索》2007 年第 10 期，第 94 页。

提出证据证明其未出席法庭接受审判具有合理理由。① 笔者认为不受限制的异议权将会带来司法实践中缺席审判程序被虚置的后果，因此有必要对异议权的行使设定条件，缺席审判过程中被告人无法出庭作出供述，致使证据的收集和质证并不完善，故异议权的提出应当以被告人提出新的证据或线索为条件。对后者来说，《刑事诉讼法》对缺席审判的上诉权有特殊规定，即近亲属也享有与被告人等同的独立提起上诉的权利，对于该规定学界也存在不同观点。有学者认为仅在被告人无法正确表达上诉意愿或者没有上诉的情况下近亲属可以行使独立上诉权。笔者也支持这种观点，近亲属独立上诉的规定主要是考虑到被追诉人可能存在无法明确传达对缺席审判的态度，近亲属作为利害关系人应当被赋予救济手段，但对于被追诉人有完全行为能力的情况来说，近亲属没有独立上诉的基础，违背被追诉人意愿提出上诉并不合理，法庭也无法在这种情况下作出裁判。

在当前立法环境下，被告人自动投案或被抓获的，案件将自动重新审理，但对于"重新审理"的具体适用程序存在问题，同时被告人一旦归案即会无条件触发重新审理的机制也不合理。被告人归案诚然导致了诉讼结构的根本性变化，但是这并不意味着此前的审判活动都要被推翻，因为并非所有审判活动都围绕被告人进行，一并重新审理会带来司法资源浪费的问题。被告人出庭主要是针对证据问题发表质证意见，同时补充此前审判活动中缺失的被告人最后陈述，重新审判只要保证被告人有充分的表达权利即可，应当尽量减少重复性工作。

第三节　被告人缺席审判是否存在诉讼风险？

被告人缺席审判程序属于被告人不在场的诉讼程序，在一定程度上给外界产生一种错觉：对被告人的诉讼权利会产生诉讼风险。但缺席审判程序的设置具有必要性，在当前社会也具有可行性，表面看似缺席审判程序存在的诉讼风险并不能对被告人诉讼权利产生实质影响。

一、缺席审判是否对被告人参与理论造成冲击

法学家戈丁曾提出程序正义的核心理念是保证与诉讼结果相关的所有利害

---

① 肖沛权：《价值平衡下刑事缺席审判程序的适用》，《法学杂志》2018 年第 8 期，第 58 页。

人都有机会参与到诉讼活动中,并获得提出对自己有利的证据及反驳对方证据的机会。① 传统上,对席审判制度要求审判活动中控辩双方平等对抗,以言词方式进行质证和辩论。这种方式一方面给予控诉方和辩护方在居中裁判的法官面前充分表达观点和意见的权利,为法官作出合理裁判提供基础;另一方面也有利于保障处于弱势地位的辩方的诉讼权利。对席审判的诉讼构造在形式和实质上都为刑事诉讼的良性运转提供了保障。从形式上看,缺席审判的设立无疑破坏了这样的构造基础。对于该制度是否会冲击被告人参与理论这一问题,陈卫东教授认为被告人缺席审判并非一定导致对被告人不利的后果,大陆法系国家的法官具有依职权进行调查的权力,这种情况下被告人不出席法庭审判,不一定产生对其不利的后果。也有学者提出,对于适用缺席审判的特定案件而言,惩罚犯罪的价值要高于保障人权,并且该类案件中的被告人相对于追诉机关也很难说具有弱势群体地位。不过,也有学者认为,缺席审判程序违背了直接言词原则,一方面既不符合直接审理原则的在场原则,又影响到直接采信原则中的证据原始性,另一方面被告人在庭审中没有亲自以言辞陈述的方式进行攻击防御,违反言词辩论原则。但是这种情形地出现在一定程度上是由被告人本人造成,属于其自动放弃参与权利的表现,不属于对其诉讼参与权利的侵犯。

被告人参与理论的核心在于保障被告人在诉讼活动中的话语权,即表达自己的观点和对控方观点进行反驳,这通常都需要被告人出席庭审才得以实现。但这不意味着所有案件都需要被告人出席庭审来实现程序正义,因为被告人在庭审中的作用并非完全不可替代,比如在认罪认罚案件中,被告人于庭审之前就已作出具有法律效力的认罪悔罪行为,庭审活动无非是对被告人此前行为的进一步确认,被告人确有无法出席庭审的情形的,如长期病重,为了保障案件顺利进行,维护被害方的诉讼利益,应当在被告人同意的情况下采用缺席审判的方式及时审结案件。因此被告人参与并非意味着被告人一定要以出席的方式参与庭审,针对特殊案件,只要其真实意愿能够在法庭上充分展示,在裁判中得到考量即可。在被告人缺席致使证据缺失的情况下,侦查机关为了确保案件进入下个诉讼阶段,会积极寻找能够证明犯罪事实的其他证据,从而在缺乏被告人供述与辩解的情况下也能够达到定罪量刑的证明标准。因此缺席审判与被告人参与理论并不存在本

---

① 宋阳:《关于构建中国刑事缺席审判程序的思考》,《河北学刊》2009 年第 1 期,第 180 页。

质上的冲突。

二、缺席审判是否构成对被告人公正审判权利的侵犯

《公民权利和政治权利国际公约》第 14 条明确规定了"人人有权得到公正审判"。而公正审判在诉讼结构上要求法官居中裁判,控辩双方平等对抗。被告人的缺席可能无法形成理想状态下的诉讼结构,也可能带来取证、质证困难等方面的问题。有学者认为,缺席审判程序体现了权利放弃理论,这也是《欧洲人权公约》等国际性公约体现出的精神。[1] 林钰雄教授认为,"听审原则系现今法治国刑事诉讼程序的基础原则,任何人皆不得在未经依法听审之前受不利之判决。被告人到场通常是审判程序合法进行的前提"。[2] 对此,缺席审判程序在形式上对被告人获得公正审判的权利造成了不利影响。但在缺席审判程序中,被告人仍然可以获得公正审判。因为公正裁判的作出不仅仅依赖于完善合理的诉讼结构,同时也对诉讼各方在诉讼活动中的参与度提出了要求,当前缺席审判并不排斥辩护人出庭辩护,在辩护过程中,辩护人可代替被告出席庭审。

同时,立法也规定缺席审判的被告人到案后案件应当重新审理的情形,这使得被告人的权利实现更加有保障。并且根据联合国人权委员会在处理 1977 年丹尼尔诉扎伊尔案中所发表的意见,对被告人已经给予一切必要的通知,但被告人自己却决定不出席的情况下,进行审判并不违背《公民权利与政治权利国际公约》第 14 条的规定。[3] 并且无论是对席审判还是缺席审判,其目的是通过正当程序对被告人进行实体裁判,被告人主动放弃诉讼权利并不意味着相关诉讼权利就此消亡,即使被告人没有委托辩护人,其近亲属也可以代为委托,被告人及其近亲属都没有委托辩护人时,法律援助机构也会指派辩护律师,辩护律师在庭上拥有独立辩护权利,这也为被告人获得公正审判提供了一定保障。

三、赋予被告人出庭接受审判的选择权是否对刑事诉讼造成冲击

缺席审判程序的建立事实上赋予被告人于特定案件中是否出庭的选择权,这

---

[1] 张吉喜:《刑事缺席审判的理论依据:类型及其运用》,《比较法研究》2016 年第 6 期,第 167-168 页。

[2] 林钰雄:《刑事诉讼法(上)》,台湾:元照出版有限公司,2006 年,第 154-155 页。

[3] 宋阳:《关于构建中国刑事缺席审判程序的思考》,《河北学刊》2009 年第 1 期,第 180 页。

种选择权使得部分案件的诉讼进程不会因为被告人缺席而中断,突破了此前单一对席审判的限制。有学者认为赋予被告人参与审判的选择权体现了对被告人主体地位的尊重。[①] 但并不意味着对所有刑事案件都可适用缺席审判,因为在刑事诉讼程序中,缺席审判是作为特别程序来运用的,属于"不得已而为之"。对于被告人来说,特定案件中出庭选择权的行使并不像其他权利一样能够获取利益,相反被告人选择不出庭通常会带来于己不利的诉讼后果,并且被告人在选择不出庭时通常也不是因为自己享有选择权而意欲行使,而是出于保全自身和维护自己的犯罪所得,这种选择权是事后"强加"在被告人身上的。因此,赋予被告人出庭接受审判的选择权只是意味着案件若适用缺席审判程序,被告人也不应当因自己的选择而承受不当的诉讼利益损害,对于刑事诉讼不会带来不良影响。

第四节　被告人缺席审判程序的制度保障

虽然缺席审判程序在我国刑事诉讼中已经取得法定地位,但由于我国缺席审判程序的规定处于立法初创阶段,在程序的具体运行方面还需要详细规定,以实现被告人缺席审判程序的合法运行,也保障被告人能够获得公正审判的权利。缺席审判程序的顺利运行面临着如何送达、如何保障被告人权益以及如何执行等问题,故该程序的运行应当从上述方面入手。

一、被告人缺席审判的送达程序

将法律文书送达给被告人是刑事诉讼的必经程序,是保障被告人知情权的重要手段,缺席审判程序也不例外。缺席审判程序面临的送达问题主要是处于境外的被告人应当采取何种送达方式。我国《刑事诉讼法》第292条对缺席审判中的送达进行了规定,人民法院应当通过有关国际条约规定的或者外交途径提出的司法协助方式,或者被告人所在地法律允许的其他方式,将传票和人民检察院的起诉书副本送达被告人。同时我国《刑事诉讼法》第107条第1款规定:送达传票、通知书和其他诉讼文件应当交给收件人本人;如果本人不在,可以交给他的成年家属或者所在单位的负责人员代收。此规定意图表达的是在送达时以被送达人

---

① 肖沛权:《价值平衡下刑事缺席审判程序的适用》,《法学杂志》2018年第8期,第58页。

亲自接收为原则,以家属、单位代为接收为例外,即使在例外的情形之下,也应当具备被告人能够尽快知悉送达情况及内容的条件。在对缺席审判的被告人进行送达时也应当遵循这样的规则。《刑事诉讼法》规定的情形显然针对的是被告人有送达的地址,并且具备接收诉讼文书的可能,此时既可以按法律规定之方式进行送达,也可以直接通过驻外使、领馆直接将诉讼文书送达给被追诉人。但对于处于境外的外逃人员来说,往往在案发后会隐姓埋名,尽量避免自己的住所信息外泄。同时,如果犯罪分子逃往的国家对中国的缺席审判不予认可而拒绝帮助送达,则送达受阻。

在民事诉讼中,对于受送达人下落不明的情形,可以选择公告送达,具体方式包括在法院的公告栏和受送达人住所地张贴公告,或者在报纸、信息网络等媒体上刊登公告,公告期满即视为送达。公告送达不需要知悉受送达人当前的具体位置,特别是在当前信息网络发达的情况下,公告送达的方式也较为便于被送达人获取送达信息,对于处于境外的被送达人,其往往对境内就相关案件的处理予以了密切关注,在法院网站或其他相关网站上刊登公告高,被送达人获悉的可能性极大。但也有学者认为应当对公告送达采取谨慎立法的态度,理由是送达系司法行为、主权行为,范围不应超过本国领土,并且公告送达变相剥夺了被告人对缺席审判的知晓权。[1] 笔者认为,进行公告送达的范围自然不应当超越法律空间效力范围,譬如在报刊上刊登,只能在被告人于境内的最后居住地进行,但是由于互联网上的刊登并没有界限可言,被告人主动获取境内相关信息也不能被视为越界送达。同时,缺席审判的实施对于法院来说也是不得已而为之,被告人在外逃之际即放弃接受审判的权利,对于诉讼活动之进行也采取逃避的态度,公告送达只是一定程度上削弱了被告人的知情权,并没有对被告人主动获取诉讼信息的行为形成阻碍。因此采用公告送达有必要作为一种针对下落不明被告人进行缺席审判的送达途径。公告送达仍存在一个问题是公告的时间是 60 天,耗时较长,与缺席审判对效率价值的追求略显冲突,但在适用缺席审判的情况下,唯有保证充足的公告时间才能最大限度地推定被告人获取了相关信息,从而保证被告人的知情权。

---

[1] 张澎、姜金良:《论缺席审判程序的具体构建——以〈刑事诉讼法〉修正案为基础》,《中国社会科学院研究生院学报》2018 年第 6 期,第 98 页。

二、被告人缺席审判的执行

刑罚的执行是刑事诉讼活动的首要目的。而在缺席审判中,难以执行的情况主要发生在对象为外逃贪腐人员的诉讼中。被告人不在境内的情况下,无论是自由刑还是财产刑抑或剥夺政治权利,均难以对被告人产生直接的威慑和影响,相反,刑罚的无法执行甚至会助长此类被告人选择出逃而无后顾之忧。对缺席审判所作出的刑事判决若得不到执行,会损及司法的公信力和权威性。[①] 并且还导致受损的国家、集体和人民的利益难以弥补,对反腐的决心和信心受到打击。因此对于外逃被告人不仅要施以刑罚,而且要执行到位、严格执行。

对于位于境外的被告人而言,多数国家允许依据缺席判决请求引渡和遣返。这使得对被告人执行刑罚具有现实可能性,但是仍存在部分国家不以他国作出的缺席审判为引渡或者遣返之依据,这种情况下对被告人所判处的自由刑就无从执行,只能在财产刑上予以严厉惩罚。为实现刑罚之目的,不仅要没收、冻结犯罪人位于国内的财产,而且对其转移到境外的财产,也需要通过司法协助的方式进行冻结或限制使用,从而使犯罪人感受到刑罚的惩罚效果,迫使其回国接受刑罚,在犯罪人回国之后则应当按照裁判结果执行相应的刑罚。对于身患重病无法应诉的被告人而言,财产刑的执行按照正常的方式进行,自由刑的执行则需待其具备相应的执行能力后方可将其羁押。因此,对于判处管制的犯罪人,在判决结果生效之后,即可在犯罪人住院地、住所地执行;对于判处拘役、有期徒刑或无期徒刑的犯罪人,则暂予监外执行,由社区矫正机构来执行,同时医疗机构要定期确认犯罪人身体状况,在犯罪人符合收监条件时应当及时予以收监。

三、被告人缺席审判与冤假错案预防机制

被告人的缺席不仅会导致庭审活动中无法形成有效的控辩平等对抗机制,而且通常意味着相关证据的缺乏,如被告人供述与辩解,同时庭审中被告人无法进行自我辩护,也不能进行最后陈述,这些情况都会影响裁判结果的公正性。被告人缺席的审判程序很有可能造成双方质证不充分、辩护权行使不到位等后果,这种情形下法官认定案件事实的结果将会受到影响,很可能会出现冤假错案,这就需要对被告人缺席审判与冤假错案的防范进行研究,避免被告人缺席审判的案件

---

① 杨雄:《对外逃贪官的缺席审判程序研究》,《中国刑事法杂志》2019 年第 1 期,第 119 页。

出现冤假错案。

第一，被告人缺席审判程序赋予被告人知情权。保障被告人的知情权一方面要求赋予被告人获取诉讼相关信息的渠道，能够充分了解、认知案件审理的全过程和诉讼文书相关信息，另一方面要求被告人对诉讼活动中侵犯其合法权益、本人有异议的部分能够及时进行申诉、反驳，即虽然被告人没有出庭，但是应当尽可能达到被告人出庭的效果。这要求审判机关首先要及时在相关媒体、网络上更新审判信息，增加办案透明度，其次要尽可能将有关诉讼文书送达被告人及其辩护人，最后需要与被告人的辩护人保持及时、有效地沟通，对于被告人的异议及时进行反馈。

第二，被告人缺席审判程序实施强制律师辩护制度。被告人的缺席已然使得诉讼构造发生严重失衡，必须由专业的辩护人进行平衡，故缺席审判程序应当贯彻强制律师辩护制度。《刑事诉讼法》第33条规定了被告人可以委托律师、人民团体或者犯罪嫌疑人、被告人所在单位推荐的人、自己的监护人、亲友作为辩护人，但是其中唯有律师是专业的法律工作者，专业知识和辩护技能通常远高于其他两类人，同时也可与被告人形成有效的沟通，因此对被告人及其监护人、近亲属委托辩护人的范围应当限定为律师。同时对缺席审判的被告人，其近亲属在没有为其委托辩护人的情况下，应当由法律援助机构为其指定辩护律师，同时对被指定的辩护律师应当有执业年限、辩护经验方面的要求，保证被告人在缺席的情况下仍然能够获得高质量的辩护。

缺席审判程序中始终存在着沟通的问题。与委托人进行有效沟通和交流是实现有效辩护的重要条件。[①] 一方面，对于外逃贪腐人员应当自审查起诉阶段起及时通知其近亲属委托辩护人或为其指定辩护人，这不仅能够使辩护律师及时了解案情，与被告人及其近亲属进行沟通，而且可以让律师晓之以法理，劝说其回国接受审判；另一方面，无论辩护律师是否能够与被告人进行沟通，都不妨碍辩护律师在庭审中进行独立辩护，因此应当给辩护律师充足的时间去了解案情。有学者认为，法院适用缺席审判，应当为没有委托辩护人的被告人指定律师担任辩护人，指定律师应当在开庭前1个月进行，并在开庭1个月前向辩护人送达起诉书副

---

① 陈瑞华：《有效辩护问题的再思考》，《当代法学》2017年第6期，第7页。

本。① 对此笔者持支持态度。

第三，被告人缺席审判程序应当赋予被告人获得救济的权利。《刑事诉讼法》中对缺席审判的救济措施主要是重新审理，即审理过程中被告人自动投案或者被抓获以及罪犯对判决、裁定提出异议，这两种情形适用的前提都是被告人、犯罪人到案。前者无条件的重新审理能够保证审理阶段被告人的参与，充分避免冤假错案的发生，后者在罪犯提出异议时启动，赋予罪犯选择权，即对裁判结果认可的情况下直接进入执行阶段，对裁判结果有异议即可重新审判，恢复被告人的身份。重新审理的方式能够给予被追诉人最大限度的权益保护，也致使对第一审的异议无论是审理期间抑或审结之后均可以重新审理的方式解决，并且被追诉人的上诉权仍得以保留，其近亲属也可独立提起上诉。这不仅降低了诉讼效率，而且牺牲了一定的司法资源，加重了司法机关的工作负担。笔者认为被追诉人的上诉权固然应当保证，但是对于罪犯提出异议的案件应当进行区分，对一审案件裁判结果提出异议的，重新审判后被追诉人仍可提出上诉，而对于二审裁判结果提出异议的，重新审判应当按照二审程序进行，裁判结果为终审判决，被追诉人不能再行上诉。

四、被告人缺席审判与违法所得没收程序

我国刑事诉讼中的违法所得没收程序与缺席审判程序具有密切的联系。违法所得没收程序的确立间接地宣示了我国缺席审判程序的建立，对我国缺席审判以及整个刑事诉讼制度的发展都具有重要的作用。缺席审判程序与违法所得没收程序在打击贪污贿赂犯罪方面具有同样的价值追求，研究缺席审判程序需要将其与违法所得没收程序进行深入比较。

关于违法所得没收程序与缺席审判程序的关系，主要存在以下几个方面。第一，违法所得没收程序与缺席审判程序中的被告人都不能出席法庭审判。违法所得没收程序的条件之一就是犯罪嫌疑人、被告人逃匿，经过通缉一年后仍不到案的，或者犯罪嫌疑人、被告人死亡的，在这种情形下，不论是主观上的原因还是客观上的原因，犯罪嫌疑人和被告人都不能参加违法所得没收程序。在缺席审判程序中，于案件审判的过程中，被告人不能亲自到庭参加审判。第二，违法所得没收

---

① 张建伟：《刑事诉讼法通义》，北京：北京大学出版社，2016 年第 2 版，第 616 页。

程序与缺席审判程序都针对的是少数案件。违法所得没收程序作为一项特别程序，只适用于特定的几类案件，而对大多数案件并不适用。虽然缺席审判程序允许在被告人不在场的情况下进行刑事案件的审判，但是，即使在具有缺席审判程序的国家也是在最大限度内保护被告人的合法权益。因此，在违法所得没收程序与缺席审判程序中，都注重保护被告人的合法权益，不轻易扩大适用的范围。第三，违法所得没收程序的规定间接地确立了缺席审判程序的地位。违法所得没收程序与缺席审判程序在本质上是一致的，都很大程度上推动了我国刑事诉讼的发展。违法所得没收程序是在犯罪嫌疑人、被告人不在场的情况下进行的，目的是处置因犯罪而产生的收益以及用于犯罪的财产，属于对物的诉讼，而不是对人的诉讼，是对民事问题的缺席审判，但这体现了刑事诉讼中缺席审判程序的存在。同时，缺席审判程序对犯罪嫌疑人进行处分也突出了违法所得没收程序存在的必要性。在众多的犯罪中，贪污贿赂犯罪、恐怖活动犯罪以及其他重大犯罪案件，如果存在违法所得或者用于犯罪的财产，那么，在符合违法所得没收程序的条件时，就可以通过缺席审判的形式进行没收。

在缺席审判程序与违法所得没收程序的关系中必然涉及的问题是程序制定的目的是什么？有学者认为缺席审判程序的制定目的是加强对境外追逃的工作力度和手段。[①]有学者认为违法所得没收程序属于特殊的缺席审判，其与普通缺席审判的差别在于解决的问题不同，"违法所得没收程序解决违法所得财产的没收问题，普通缺席审判解决被告人的刑事责任问题"。[②]从两种程序的规范角度来说，缺席审判程序与违法没收程序存在交叉关系，二者在特定的案件中可以选择适用，但违法没收程序侧重的是追缴犯罪嫌疑人、被告人的违法所得及其他涉案财产，其中包括应当依法返还被害人的部分，属于单纯从财产上对被追诉人进行追责，而缺席审判更侧重于追究被告人的刑事责任，虽然从判决结果上可以以罚金或没收财产的附加刑来追缴部分财产，但忽略了对被害人权益的保护，当然这两种制度之间并不存在冲突，不是非此即彼的关系，因此在运用缺席审判程序解决被追诉人刑事责任的同时，也可以适用违法没收程序来解决相关的财产问题，

---

① 孙谦：《检察机关贯彻修改后刑事诉讼法的若干问题》，《国家检察官学院学报》2018 年第 6 期，第 11 页。

② 王敏远：《刑事缺席审判程序探讨》，《法学杂志》2018 年第 8 期，第 43 页。

二者并行不悖。当然其中也存在着证明标准的不统一问题，当前缺席审判程序适用的是刑事证据规则，要求达到案件事实清楚、证据确实充分、排除合理怀疑的证明标准，而违法所得没收程序则适用的是高度盖然性的证明标准，在这两种程序的共同适用中，需要协调好两种证明标准的关系，我们认为可以采用刑事附带民事诉讼的模式，二者分别适用，互不影响。

结　语

缺席审判程序作为当代刑事诉讼程序的重要组成部分，对于实现刑事诉讼的高效运转与案件的快速审结具有重要的推动作用。当前社会贪污腐败犯罪案件的犯罪行为人出逃国外给我国社会发展造成严重危害，导致国家公共财产流失国外，[①] 这样的大环境下确立缺席审判程序成为追究贪污腐败案件犯罪分子的重要手段。被告人缺席审判程序的确立在我国刑事诉讼制度发展史上具有重要意义，开启了刑事诉讼程序的缺席审判程序。我国缺席审判程序的确立与当前贪污腐败案件犯罪嫌疑人大量逃往国外的现实环境具有密切的关系，这在很大程度上能够解决贪污腐败犯罪案件。缺席审判程序属于被告人放弃参与法庭审判的诉讼程序，对被告人诉讼权利保障造成了形式上的诉讼风险，这种诉讼风险既体现在被告人参与庭审的权利方面，也体现在被告人获得公正审判层面。就我国缺席审判程序而言，被告人实质上已经放弃了参与庭审的权利，缺席审判程序的诉讼风险仅仅存在于形式层面，实质上并未侵犯被告人的诉讼权利。我国缺席审判程序属于新的特别诉讼程序，将来在司法实践中的运行状况如何还要拭目以待。目前缺席审判程序的规定并不详细，这与立法初期的状态有关，需要在实践中运行一段时间后再进行考察，从而对缺席审判程序的完善提供路径。

---

① 聂立泽、胡洋：《贪腐出逃犯罪的刑事治理逻辑与解释》，《法治社会》2020 年第 1 期，第 23 页。